일본 최고의 장사꾼들

일본 외식 벤치마킹 절대로 망하지 않는 장사의 비밀

일본 최고의 장사꾼들

글·사진 이영호

무한

【일러두기】

이 책에 소개된 가게들이 많은 분들께 널리 알려져 도움이 되길 바랍니다. 이 책에 소개된 가게 성공전략 및 마케팅 전략은 저자의 경험상 주관적인 마케팅 경영분석에 따른 것입니다. 구체적인 가게 위치, 브랜드 등 자세사항에 관한 문의는 저자 메일 designera@naver.com에서 답변 드립니다.

프롤로그

잘되는 가게엔 분명 이유가 있다

장기불황에도 성공 가도를 달리는 장사의 고수들이 있다. 10년 넘게 장기불황에 빠진 일본에서 다른 경쟁 가게를 물리치고 승승장구하며 세계인의 지갑을 열게 만드는 장사의 고수들도 있다.

그래서 장사가 잘될 때나, 잘 안될 때나 그들에게 장사 잘하는 전략을 배워야 한다. 자기만의 고집 따윈 중요하지 않다. 소비자는 변하고 그들이 원하는 상품과 서비스도 변한다. 넘실대는 파도 앞에서 필요한 것은 '난 괜찮을 거야!'라는 고집이 아니라 '파도를 타는 법'이다.

"난 사업을 하니까! 장사는 내게 해당되는 이야기가 아냐."

아니다. 장사와 사업은 다르지 않다. 사무실에서 일한다고 사업이라는 부르는 게 아니다. 거리 가게에서 일한다고 장사라고 부르는 게 아니다. 모두 똑같은 장사다. 내가 가진 걸 누군가 기꺼이 돈을 지불하면서 사는 일을 '거래'라고 부른다. '거래'는 장사의 다른 말이다.

취업이 안되서 작은 가게라도 열어 장사를 하려는 사람이 있다. 인터넷 쇼핑몰을 만들어 뭔가를 팔려고 생각하는 사람이 있다. 하지만 주위 사람들이 모두 말린다. 요즘 경기가 어떤 시국인데 장사를 하려느냐고 다그친다. 아무것도 안되는 시대라고 말한다. 뭘 해도 손해 보는 세상이라고 설득한다. 과연 그럴까?

경기가 안 좋은 상황을 따지자면 6.25전쟁 직후 상황이 더 안 좋았다. 팔 물건도 없었고 사람들에겐 돈도 없었다. 정신까지 피폐해진 상황에서 속칭 '먹고 죽을 돈'도 없었다. 장사가 웬 말이며 사업이 무슨 말인가? '그게 먹는 건가?' 고민할 정도였다. 하지만 아무것도 없는 상황에서 사업을 일으키고 장사를 해서 성공한 사람들이 있었다. 세계 곳곳엔 어려운 시기에 성공하여 부자가 된 사람들이 많다.

세계 최고의 부자는 가난한 나라의 출신인 경우가 많다. 가난하다는 건 돈이 없다는 게 아니라 돈의 중요성을 배울 수 있는 좋은 기회다. 단돈 10원을 써도 허투루 쓰지 않는 법을 배울 수 있는 기회다. 빚은 누구에게나 있다. 돈은 누구에게나 부족하다. 돈이 없어서 뭘 못한다는 생각은 핑계일 뿐이다.

그래서 장사가 안될수록, 경기가 나쁘다고 할수록 성공한 사람들에게 배워야 한다. 시시각각 변하는 트렌드 속에서 살아남은 그들의 노하우를 배우고 나만의 것을 개발해서 장사해야 한다.

장기불황이 이어지는 일본에서도 장사가 잘되는 가게들이 나타났다. 10년 전 즈음 일본의 경기가 좋을 때 생긴 가게들은 아니다. 생긴지 10년이 채 안된 가게들이 성공을 이어가는 중이다. 그렇다면 불경기에 창업한 셈인데 과연 그들의 전략은 무엇이었을까? 경기침체기에 접어들면서 일본식 불황을 고스란히 밟아가고 있는 우리나라가 그들에게 배울 점은 무엇일까?

막대한 투자금을 쏟은 기업들 이야기가 아니다. 우리나라에서도 흔히 볼 수 있는 소자본 가게들이 대부분이다. 이들이 극심한 경기침체기를 이겨내고 손님들로 문전성시를 이룰 수 있었던 비결을 배워보자. 성공한 가게들을 보면 처음에는 '밥만 먹고 살자'고 시작했던 장사가 이젠 어느새 '기업형 프랜차이즈 사업'이 된 경우도 있다. 장사의 성공은 자본의 많고 적음이나 아이템의 문제가 아니라는 점을 알게 된다. 문제는 '효과적인 전략'을 세울 수 있는 가다.

장사를 하려는가?

가게를 열고 싶은가?

필자는 장사하는 그들의 모습을 생생하게 보고 이해하며 그 전략의 공통점과 차이점들을 정리할 수 있었다. 이 책은 일본 대기업의 프랜차이즈 가게에서 얻은 이야기나 몇몇의 일본인 장사꾼들을 관찰하고 써내려간 이야기가 아니다. 작은 가게를 운영하는 일본 서민들의 성공전략과 홍보전략, 그들의 자세와 생각까지 담았다. 그래서 일본인들이 가꾸고 지켜가는 그들의 생활방식을 엿볼 수도 있다. 그들의 모습은 우리의 모습과 닮아 있다.

중국과 일본 등 세계 곳곳에서 여행객이 찾아오는 한국이다. 세계로 여행 다니며 트렌드와 유행상품을 미리 알고 오는 한국인들이다. 유례없이 똑똑한 요즘 소비자들을 상대로 가게를 하겠다는 당신에게 이 책이 필요한 이유다.

이영호

목차

01

골목에 붙잡아두는 가게들

도쿄 최대 번화가 신주쿠에 가면 가부키초라는 유흥가 지역이 있다. 세계 곳곳에서 찾아와 사람들의 발길이 끊이지 않는 곳, 유흥업소가 얼마나 많은지 그 수를 헤아리기 어려웠던 탓에 무료업소 소개소가 생길 지경이니 말이다. 무료업소 소개소는 관광객들을 상대로 한 호객꾼들이 이 지역에서 온갖 문제를 일으키자 일본 경찰이 단속에 나서면서 새롭게 생긴 업소 홍보 방식이기도 했다.

그런데 신주쿠 가부키초가 유명세를 얻기 훨씬 전부터 불어닥친 도시 재개발 계획은 인근 골목도 예외가 아니었고, 도쿄 시내 중심지에서 벗어난 인근 지역에도 주택가마다 재개발 바람이 불었다. 하지만 거센 개발바람에도 불구하고 자기가 살던 터전을 떠나지 않으려는 사람들이 있었는데, 그들이 모여 골목 이름을 정하고 골목을 특화시키기 위해 노력했다. 그러자 인근 지역 사람들도 골목에 오기 시작했다. 사람들은 자리를 지키는 게 중요하다는 걸 알았다. 그곳이 바로 신주쿠역과 기찻길 철로 하나를 사이에 두고 좁은 골목 안에 형성된 오모이데요코초(추억 골목)이다.

사람이 많은 번화가 거리도 아니고 주택가 인근 이웃이 많은 골목도 아니다. 하지만 그곳에서도 가게를 시작할 수 있다. 가게는 길이 없는 곳에 열더라도 가게 앞에 길을 만드는 게 제일 중요하다. 손님들은 길이 있으면 오기 때문이다. 그 길은 가게들이 직접 만들 수 있다.

성공전략 ❶

특이한 장소, 특별한 장소

"일본에 오모이데요코초 가봤다고 했지?"

"네. 저 골목에서 작은 가게로 창업한다고 했더니 거기 꼭 가보고 시장조사하라고 해서 다녀왔어요. 그런데 왜요? 거기 꼬치가 유명하다고 해서 기대는 했는데 한국에서 먹는 거랑 별반 차이 없던데요?"

"중요한 건 메뉴가 아니라 전략이야. 꼬치가 아니라 골목이라구."

"골목? 전략이요?"

눈을 동그랗게 뜬 현수 얼굴이 스마트폰 화면에 들어왔다.

"응. 신주쿠 지역의 역사적인 유래나 이런 건 별개로 하더라도 그 골목 어때? 지나다니는 사람들에게 쉽게 눈에 띄는 곳이 아니지? 게다가 기차가 다니는 철로 바로 옆이어서 시끄럽기도 하고 모임을 갖는다거나 편안하게 들릴 수 있는 곳은 아냐."

"아, 그런 것 같아요. 기찻길 옆이어서 그랬는지 좀 지저분한 느낌도 들었어요."

"맞아. 그런데 기차가 다니는 철로 옆이란 게 중요해. 철로라고 해봤자 우리나라 지하철 같은 건데, 그 골목은 기차에 타고 있는 사람들을 대상으로 홍보해서 성공한 곳이야. 생각해봐. 신주쿠에 가는 사람들은 관광객이 대부분이야. 가부키초나 돈키호테에 들려서 쇼핑하기 바쁘고 유흥가에서 노는 게 더 즐겁지. 자리도 좁고 메뉴도 별반 특이할 게 없는데 시끄럽기까지 한 꼬치골목에 갈 이유는 별로 없어. 기찻길 옆이라서 지저분하다고 느끼는 곳이기도 했지.

자, 그러면 꼬치골목 가게들은 어떻게 해야 장사를 할 수 있었을까? 자기들이 가진 단점을 무시하고 장점을 살려야 했을 거야. 그러려면? 기차에 탄 사람들이 지나다니며 볼 때 '아, 저기 특이하다!'라는 인상을 주어야 했고 뭔가 골목에 얽힌 스토리가 필요했어. 기차를 타고 다니는 사람들은 기찻길 바로 아래쪽이 지저분하다고 해서 신경 쓰지도 않거든. 그래서 기차를 탄 사람들이 '찾아오는 골목'을 만들어야만 한 거야. 그래서 골목 이름이?"

"아! 오모이데! 일본어로 '추억'이네요?"

"응, 골목도 좁아서 지나다니는 사람들이 알아채기도 힘들고, 골목 입구에서 안쪽으로 보더라도 뭔가 특별한 걸 기대하기 어려운 구조야. 도로에 다니는 자동차들이 아무리 많아도 순식간에 지나쳐버릴 정도로 좁은 곳이야.

그래서 꼬치골목은 기차에 탄 사람들에게 집중적으로 홍보를 해야 했어. 그들이 지나가며 창밖을 볼 때 '아, 저기 가보고 싶다!'고 생각하게 하려면 뭐가 필요했을까? 지하철 타고 다니는 사람들의 마음을 사로잡으려면? '퇴근 후 한잔'이었어. 지하철 타고 다니는 사람들이 창밖을 본다? 어떤 상황이겠어? 서 있는 거잖아? 힘들지. 피곤한 사람들이 지하철 창밖으로 보이는 골목이 있는데 모락모락 연기도 나고 뭔가 푸근한 느낌이 와. 어떻겠어?"

"가보고 싶죠."

"그렇지만 문제가?"

"가격이죠? 비싸면 좀 그러니까. 지하철 타고 다니는데 저 골목에 물어 찾아갔다가 가격이 비싸면 왠지 찾아오고 싶어 했던 마음도 사라질 것 같아요."

성공전략 ❷

기차 안에서도 보이는 메뉴판+전략적인 골목 살리기

"꼬치골목에 갔을 때 가게들마다 메뉴판 걸어둔 거 봤지? 어떻게 되어 있었어? 기억나?"

"아, 맞다. 가게들마다 간판도 내걸고 가격도 엄청 쌌어요. 메뉴도 가게 앞에 주르륵 붙여놓고 사진으로 보여주는 곳도 많았어요."

"그런데 간판 방향이 골목 손님들이 보기엔 조금 위쪽으로 기울여져 있는 상태였지? 기차에서 보기 쉽게 만든 거야. 그리고 가게문들이 대부분 유리창으로 되어 있었을 거야. 가게 밖에서도 앉을 자리가 있으니 들어오라고 하는 것이지. 일단 들어와보라고 하는 홍보지. 골목 안으로 사람들이 오기만 하면 쉽게 되돌아갈 생각을 하지 못하게 할 임무는 누가? 골목 안에 가게들에게 있는 거니까."

"난 또 그것도 모르고 그냥 가서 꼬치 메뉴만 몇 개 먹어보다가 나왔어요. 가부키초 가서 구경하다가 그냥 재미가 없어서 숙소로 가서 잤어요. 역시……."

"꼬치골목에 가게들마다 내세우는 메뉴를 보면 그들이 얼마나 전략적으로 골목을 살리려고 했는지 알 수 있어. 꼬치가 있으면 생맥주가 있고 그

옆엔 국수 가게가 있어. 꼬치골목이긴 하지만 생맥주와 국수가 주요 메뉴인 거야. 사람들이 꼬치골목에 가면 꼬치만 먹어야 한다고 생각할 수 있잖아? 그럼 꼬치골목에 안 오지 않겠어? 꼬치만 먹고 나서 다른 데 또 힘들게 가서 입가심하려면 꼬치골목을 가는 게 부담되거든. 그래서 꼬치골목 안에 상인들은 자기들끼리 전략을 세웠을 거야. 너희는 꼬치, 나는 국수. 너희 꼬치는 야채랑 닭 중심, 우리 가게 꼬치는 소고기랑 돼지고기 중심, 뭐 이런 식으로. 그래야만 꼬치골목에 오는 사람들이 여러 가지 메뉴를 맛볼 수 있잖아. 입가심도 하고 국수도 먹고 2차, 3차도 골목 안에서 즐길 수 있는 거야."

"근데 거기 자리가 너무 좁았어요. 저는 덩치가 작은 편도 아닌데, 일본인들 체형에 맞춘 거 같아서 사실 좀 짜증이 났었거든요. 이래 갖고 무슨 장사가 되겠어, 라는 생각이 들 정도였어요."

"자리가 좁은 거? 그것도 전략이야."

"네? 전략이라고요?"

"단점인데 장점으로 만든 거란 얘기야. 생각해봐. 오모이데요코초. 추억골목이야. 요즘처럼 넓고 쾌적한 쇼핑몰과 커피점들이 즐비한 상황에서 자리가 좁다는 건 단점이 아니라 차별화가 되는 중요한 요소야. 골목 이름이 뭐야? 추억이잖아? 가게에 들어와서 좁은 장소에 앉아도 불평하지 않고 추억할 수 있다는 게 장점이지. 그리고 혹시 거기 가게에 갔을 때 사진도 찍었어?"

"아, 사진이요? 셀카봉을 가져갔는데요, 가게 안에선 너무 좁아서 못 찍고 밖에 나와 골목 입구에서 찍었어요. 그래도 다녀갔다는 기록이라도 남기려고요."

"딩동댕! 그게 추억이지."

"네?"

"추억 골목에 왔는데 뭐가 남겠어? 사진이야. 그 골목은 가게에 온 손님들이 사진을 많이 찍고 가서 블로그나 페이스북, 인스타그램 등에 사진을 많이 올려주기를 바라는 거야. 그야말로 추억의 골목이잖아? 추억을 남겨 달라는 거지.

가게가 좁아서 못 찍었다고 했지? 가게 안에서 카메라를 꺼내면 한 가지 재미있는 상황을 볼 수도 있었을 텐데 아쉽다. 가게 안에서 카메라를 꺼내면 직원들이 손님 눈치 못 채게 슬쩍 자리를 비켜주거든. 손님 테이블과 주방 사이에 군데군데 놓인 술병이랑 메뉴판이 이상하다는 생각 안 했어?"

"이상하다고요? 아뇨. 그냥 이 가게들은 손님들에게 홍보를 많이 하려고 홍보물이랑 안주 메뉴판, 술병들을 테이블 위에 올려두었구나 생각했어요. 근데 왜요?"

"가게 안이 좁다고 했지? 네가 만약 가게 주인이라면 어떻게 하겠어? 가게가 넓어 보이게 하려고 했을 거 아냐? 그런데 가게 안이 좁은데 이것저것

장치물을 많이 들여놨다는 건?"

"아……."

"손님이 카메라를 꺼내면 가게 안에 직원들은 그 카메라에 안 나오는 위치로 이동해. 손님들이 자신들만의 추억을 남기고 싶어 하는 것을 잘 알기 때문이야. 가게 직원들 얼굴이 나오는 걸 원하지 않아. 그래서 직원들이 미리 알아서 피해주는 거야.

그런데 좁은 가게에서 어디로 가겠어? 손님들이 카메라를 꺼냈을 때 가게는 보이는데 직원들은 안 보이려면? 술병 뒤, 안주 메뉴판 뒤쪽으로 서는 거야. 손님들 카메라엔 직원들이 안 보이는 대신 가게에서 파는 안주와 술병들, 준비된 신선한 재료들이 보일 거야. 그런 사진들이 페이스북이랑 인스타그램, 블로그에 올라간다고 생각해봐. 오모이데요코초 골목이 유명하게 될 수밖에 없지?"

현수가 수화기 너머에서 내 이야기를 들으며 뭔가 수첩에 적는 듯했다.

지식검색 마케팅

방금 전까지 스마트폰 화면을 가득 채우던 남자 얼굴이 사라지고 어딘가 처음 보는 가게 간판들이 보였다. 주위로 지나가는 사람들의 이야기 소리도 들렸다. 잠시 후 현수 얼굴이 다시 화면에 들어왔다.

"그나저나 얼마전부터 장사 시작한다고 했었지? 장사를 시작한다니 뭐라도 도와주고 싶네. 그런데 우리 인간적으로 면도를 하고 하는 게 어때? 손님들 도망가면 어쩌려고? 혹시 면도기 팔려는 거 아니지? 그러려면 수염은 필요하지만."

솔직히 농담이었다.

어떻게 하든 현수의 수염을 깎으라고 하고 싶어서 우스개로 꺼낸 이야기였다. 그런데 현수는 깜짝 놀란 얼굴로 내게 되물었다.

"우아! 선배! 어떻게 알았어요? 나 면도기 팔려고 일부러 수염 기른 건데! 진짜 대박!"

"엥? 무슨 소리야, 그게?"

현수의 아이템은 대학생들과 중고등학생을 타깃으로 한 이미용품 가게였다. 여대생을 위한 제모기와 남학생들을 위한 면도기도 팔 거라고 했다. 요즘처럼 성장이 빠른 청소년들의 경우엔 이들을 상대로 한 화장품 사업도 추천할 만했다. 현수는 대학가 주변에서 인근 중·고등학교까지 시장 범위에 두고, 청소년부터 대학생 그리고 사회 초년생들까지 고객군으로 포함하는 이미용품 가게를 구상하고 있다고 했다.

면도기를 파는 남자가 수염을 기른다? 현수의 전략은 이른바 '지식검색 마케팅'인 셈이다. 이를테면 이렇다. 당신이 어디를 가는데 길거리에 쓰레기가 보인다고 하자. 당신은? 주위를 둘러보고 쓰레기통을 찾는다.

'여긴 쓰레기통도 없나?'

이런 경우도 있다. 당신이 운전 중이다. 약속장소를 정하려는데 마땅한 장소가 떠오르지 않는다. 우선 근처에 가서 좋은 장소를 찾아보려고 생각한다. 그래서 약속장소 지역에 도착한 당신, 가장 먼저 하는 일은?

'주차를 해야 하는데 주차장이 어디에 있지?'

운전하는 당신 눈엔 도로변 공간, 주택가 이면도로에 공터, 넓은 공용주차장이 눈에 확확 들어온다. 필요에 의해 찾게 되는 것이 본능이다.

지식검색 마케팅이란, 이처럼 사람들의 심리를 이용하는 전략이다. 사람들은 자기가 말하지 않으면 다른 사람들이 절대 모를 거란 착각을 하지만 사실은 그렇지 않다. 마케팅이란 모든 가능성을 열어둔다. 그래서 당신의 생각도 더 이상 비밀이 아니다. 그 생각은 이미 지배당한지 오래다.

현수의 수염은 그래서 다분히 전략적이다. 가게를 지나다니는 사람 또는 현수를 본 사람들은 '지저분한 수염'을 보고 '면도를 하면 좋을 텐데!'라고 여긴다. 현수를 보면서 자기 모습을 떠올린다.

'나도 저렇게 지저분한 거 아냐?'

'나 면도 언제 했지?'

그러면서 현수 가게를 유심히 살펴보게 될 것이다. 그 즉시 당장 가게 안으로 들어가서 뭔가를 사지 않더라도 그 자리에 현수의 가게가 있다는 걸 기억하게 된다. 다리에 털 많은 사람이나 수염이 많은 사람을 봐도 현수를 떠올린다.

'면도기랑 제모기 파는 사람이 정작 자신은 수염도 안 깎고 덥수룩하다?'

요즘 같은 SNS 시대에 사진 찍히고 인터넷에 올라갈 상황 100%다.

사람들이 현수를 보면서 '극혐(장난기가 섞인 표현으로 지저분하다, 싫다는 의미)'이라고 부르든, '용자(누구도 예상치 못한 상황에서 자기만의 삶을 영위하는 사람을 부르는 인터넷 은어)'라고 부르든 일단 현수는 가게 홍보를 제대로 한 셈이다.

낮과 밤이 다른 간판

내게 영상통화를 건 이유는 한 가지였다.

"선배! 이 가게 인테리어는 어떻게 해요? 간판이랑 외부 디자인은요? 평수는 작아서 10평도 안되는데 전문 인테리어 업체라는 곳에 맡기려고 알아봤더니 평당 130만 원은 달라던데요, 그럼 1000만 원은 훌쩍 넘어가잖아요. 돈도 없는데 그렇게 못해서요."

현수의 생각이 기특했다.

아이템을 고르는 것도 신중했고, 가게 위치도 지금 당장이 아니라 앞서 보고 고른 것도 현명한 선택이였다. 인테리어도 소홀하지 않고 나름 고민하는 태도가 보였다.

전문 업체에게 알아봤더니 너무 비싸서 내게 부탁한다는 이야기는 '하얀 거짓말'인 걸 알 수 있었다. 내게 바로 부탁하긴 미안하니까 부족한 돈 이야기를 꺼내며 인테리어 디자인 구상을 맡기는 모양새였다.

"현수 가게가 있는 곳도 대학가 근처 주택가 골목상권이지? 10~20대가 주요 고객일 테니까 젊은 감각으로 가야겠다, 그렇지? 그러려면 메신저나 카톡 언어를 사용하거나, 인터넷 방송 아프리카 TV에 나오는 BJ들의 대화처럼 광고문구를 만들어 보는 게 어때? 간판도 고객층에게 익숙한 컬러를 고르고. 그 동네에서 만큼은 명소가 되어야 해. 학생들이 와서 셀카를 찍고 페이스북이나 카톡에 사진도 올리게 해.

인테리어나 간판도 재밌어야 할 거야. 골목 통로를 눈여겨보고 사람들이 어디에서 어디로 이동하는지 방향과 시간대를 조사해봐. 시간대별로 이동하는 사람들이 다를 거야. 그리고 시간대에 따라서 낮과 밤 간판을 다르게 만들어. 당연히 문구도 다르게.

매장 내부는 여대생들 다이어리처럼 아기자기한 느낌을 강조해서 여학생들에겐 비밀수첩처럼, 남학생들에겐 누나 방을 구경하는 것처럼 느끼게 해. 이·미용제품이니까 남자는 여자에게 배우는 느낌 나게, 여자는 파우더룸 들어온 것처럼 느끼게 해주는 게 필요해."

"선배, 조금만 천천히 말해요, 나 적을 테니까."

현수는 내 이야기를 하나도 빼놓지 않고 모두 받아 적으려고 했다. 그가

든 스마트폰 카메라가 하늘을 비췄다. 스마트폰을 내려놓고 수첩에 적는 중이었다. 곧이어 현수의 얼굴이 내 스마트폰의 작은 화면에 나타났다.

"근데 파우더룸이 뭐에요?"

"여자들 화장하는 방. 그건 그렇고, 아무튼 내부 인테리어 어떻게 꾸밀 건지 적었으면 외부 간판이 중요한데, 가게 정면에서 바라볼 때의 시각으로만 간판을 만들면 안 돼! 알았어? 그 가게는 골목으로 지나다니는 사람들, 가끔 차를 운전하고 다니는 사람들이 손님이 될 텐데 그 사람들 시각에서 가게 간판이 어떻게 보일지 염두에 두고 만들어야해. 자기 가게라고 해서 자신의 눈높이에서 만들면 안 돼! 알았지? 중요하니까, 꼭 기억해!"

나만의 뷰티 상담소

"알았어요! 그리고 제가 또 뭐 해야 할 일 없을까요?"

현수가 자기 스마트폰 카메라에 얼굴을 들이대며 말했다.

덕분에 내 스마트폰 화면에 그의 얼굴이 가득 들어찼다. 내가 팔을 뻗어 스마트폰을 조금 멀리 들고 말했다. 남자끼리 얼굴을 가까이하고 대화하는 느낌은 정말 영 아니었다.

"고객을 응대하는 마음인데 이게 중요해. 상품이 좋으니까 손님은 무조건 사야 한다, 이런 생각은 하지 말고 무조건 고객의 이야기가 맞다는 자세로 대해야 돼. 알았지? 고객들이 불평하거나 불만을 제기하는 걸 그대로 들었다가 나중에 고치고 개선해 나아가는 전략도 필요하고. 특히 아이템이 이·미용제품이잖아? 그 제품을 사려는 사람이라면 자기 외모에 관심이 많고 가꾸려는 사람들이야. 그 손님들에겐 외모를 칭찬해주면 가까운 단골 사이가 될 거야. 그리고 손님의 외모에 필요한 여러 가지 좋은 제품을 추천해주면 더 좋아할 거야. 여자들은 자기 외모의 장단점을 제대로 아는 가게를 만났다고 좋아할 거고, 남학생들은 혼자만의 비밀이었는데 이젠 자기 비밀을 터놓고 같이 고민할 형이 생겼다고 좋아할 거야. 자기를 가꾸려는 사람들은 누구보다 자존심이 센 편일 테니까 그들이 원하는 스타일에 어울리는 제품을 추천해주고 다양한 정보를 공유하는 페이스북이나 카톡 친구로 만들어서 지속적으로 연락을 주고받아야 해."

"네, 그리고요?"

"또? 또, 할 것은… 음, 그래. 가게 인테리어 하고 정상 영업을 하기 전이라도 주변에 가게들 다니며 인사하고 미리 친분을 쌓아두는게 좋아. 생각해봐. 현수가 가게를 거기에 열기 훨씬 전부터 근처에서 장사하고 계신 분들이거든. 그분들은 그 동네에 골목 상권을 누구보다도 잘 알고, 어디에 누가 사는지 어떤 성격인지도 다 알고 있는 분들이야. 어느 집 식구가 몇 명인지도 알 걸?

그러니까 네가 먼저 인사하러 가서 그분들과 친해지려고 노력해. 그러면 너를 좋게 본 사람들은 네 가게가 정상영업을 하기 전이라도 자기 가게에 오는 손님들에게 네 가게에 대해 좋게 이야기해줄 거야. 네가 하려는 가게가 어떤 곳이고, 거기 사장이 젊은이인데 열심히 살려고 하더라! 등등 너를 좋은 이미지로 포장해줄 거야. 아, 아니지. 넌 원래 좋은 사람이니까 있는 그대로의 모습을 알려줄 거야. 가게는 혼자 하는 게 아닌 거 알지? 너의 가게에 오는 손님들도 네 편으로 만들어야 하고, 주변에서 장사하는 사람들도 네 편으로 만들어야 해."

전화는 내가 인천공항에서 내려 공항철도를 타러 오기까지 이어졌다. 현수는 내 이야기를 모두 받아 적은 모양이었다. 수첩을 덮는 소리가 들리더니 스마트폰 앞에서 고개를 숙여 나한테 꾸뻑 인사를 하는 모습이 보였다. 고맙다는 표시였다.

'넌 성공할 거야. 꼭 대박 나라!'

info

오모이데요코초

골목을 만드는 상인들

신주쿠에 오면 반드시 들려볼 곳으로 오모이데요코초를 추천한다. 신주쿠 동쪽 출구로 나가서 직진하면 우측에 철로가 나오는데 조금 더 걷다가 좌측으로 철로 아랫길이 나오면 통과한다. 철로를 나오자마자 좌측을 보면 옹기종기 모여 있는 꼬치구이 가게들을 볼 수 있다. 일본에서 오랜 기간 명맥을 유지해 온 꼬치골목이다. 각 지방별로 특화된 꼬치의 맛을 볼 수 있는데, 퇴근 시간이 조금만 지나도 손님이 꽉 들어차므로 조금 일찍 들르는 게 팁이다.

02

바쁜 손님에게 다가갑니다

안되는 걸 되게 할 때 돈이 벌린다. 무슨 이야기일까?

사람들의 상식 밖에서 돈을 번다는 얘기다. 예를 들면 다음과 같은 상황이다. TV에서 모 연예인이 여행 프로그램을 떠났다. 게임을 하고 꼴지는 벌칙을 수행하는 내용이었다. 저마다 모든 출연자들이 기를 쓰고 게임에 임했고 다들 이기기를 바랐지만 당연히 그들 중 한 명이 꼴찌가 되었다. 꼴찌에게 주어진 벌칙은 소쿠리 한 개를 들고 섬에 혼자 남아서 물고기를 잡는 것. 그런데 어떤 일이 벌어졌을까?

촬영팀은 소쿠리 한 개로 어떻게 물고기를 잡느냐며 기가 찬 표정으로 항의하던 연예인을 그냥 두고 떠나버렸다. 어쩔 수 없이 남은 한 명은 반드시 물고기를 잡아야만 그 섬을 탈출할 수 있던 상황. 그런데 잠시 후 기적적인 일이 벌어졌다. 실제 물고기를 잡은 사건이 벌어진 것. 이 순간 시청률은 40%를 넘었다. 사람들은 그들이 익히 알고 있는 상식이 뒤집어졌을 때 관심을 갖는다. 그리고 그들이 알게 된 새로운 사실을 주위 사람들과 이야기 나눈다.

스마트폰으로 우주를 관찰하고 우주정거장 안에 우주인들과 메시지를 나누는 시대다. 사람들은 이제 공간의 차이를 느끼지 못한다. 손바닥 안에서 유럽을 보고, 미국을 보며, 중국 도로에 카메라로 도로 사정까지 확인할 수 있는 시대다. 이러한 시대에 살아가는 사람들에게 당신의 가게는 어떤 서비스를 했는지 생각해보자. 사람들이 당신 가게에 오지 않았던 이유는 그들이 원하는 게 없어서였다.

그들이 원하는 건 뭘까?

줄 세우기 전략

"중심상권에 가게를 열면 그 거리를 지나다니는 사람들이 야마다의 가게에 올 것 같아?"

야마다는 뜨끔한 표정을 지었다. 그렇지 않아도 내심 고민하던 눈치였던 모양이다. 유동인구가 많다고 거기서 장사하면 진짜 잘될까? 사람들이 내 가게에 와줄까? 야마다는 고민의 연속이었다.

"장사를 한다는 건 좋은 생각이야. 남이 아니라 이제부터 자신을 위해 일한다는 생각을 한 거니까. 남에게 받는 돈이 아니라 자기가 직접 버는 돈이라서 그렇지. 그런데 야마다는 보통 중심상권에 있는 익숙한 커피점이나 식당, 노래방에 가? 아니면 새로 신장개업한 곳에 가?"

"유명한 맛집에 가죠. 쭉 걷다 보면 사람들이 길게 줄 서 있는 식당이 있어요. 사람들이 없는 곳은 별로 가고 싶지 않더라고요."

"만약 그 식당이 사람들을 불러서 공짜 음식을 주는 거였다면?"

"네?"

이른바 '줄 세우기' 전략을 말했다.

새로 가게를 열면 '오픈발'이란 게 있다. 새로 가게를 열었으니 인근 지역 주민이나 행인들이 신기해서라도 와 본다는 뜻이다. 이때 매출이 어느 정도 생긴다. 하지만 이후 오픈발은 급속도로 줄어들어서 일주일만 지나도 본모습이 드러나고 만다. 진짜 실력은 이때부터 평가받게 된다.

그래서 새로 가게를 열 때는 '개업식'이다 뭐다 해서 사람들을 초대한다. 가게 안에 사람들이 많은 것처럼 보여야만 홍보도 되고 행인들의 이목을 끌 수 있어서다. 아는 사람들 수가 적을 때는 돈을 주고 고용하기도 한다. 물건을 사 가지 않더라도 줄만 세우는 곳도 있다. 차 안에서든 그 길을 지나가든 길게 늘어선 줄을 보면 한 번씩 쳐다보면서 '무슨 손님이 저렇게 많아? 뭘 파는 가게야? 나도 한번 가봐야겠다'고 생각한다.

그래서 가게를 인수할 때도 조심해야 한다. 가게를 넘기려는 사람은 이런 방법을 쓴다. 당신이 가게를 보러 오겠다는 날, 후배들이나 선배를 오라고 해서 손님처럼 가게 안에서 놀고먹으라고 한다. 물론 모든 음식은 공짜다. 꽉꽉 들어찬 사람들을 보고 당신은 그들이 손님이라고 여긴다. 기존 가게 주인이 그들에게 지출한 돈은 당신 호주머니에서 나오는 권리금 내지는 가게 인수자금으로 충당된다.

야마다는 가게를 차릴 생각을 하면서도 기본적인 '줄 세우기' 전략에 대해선 전혀 모르는 눈치였다. 너무 순진한 걸까? 아니면 진짜 실력만으로 승부하려는 '장인 정신' 때문일까?

야마다가 하려는 가게는 자기가 개발한 음식이나 아이템도 아니었다. 본사가 지점을 늘려가는 프랜차이즈 가게 중에 하나였다.

고객들이 사는 곳으로 가라

야마다의 고민은 가게 위치와 고객을 어떻게 확보할 것인지에 대한 것이었다.

"지하철 4호선 숙대입구역 10번 출구에서 나와서 숙대 방향의 고가철로를 통과하면 오른쪽에 교회가 하나 보여. 삼일교회란 곳인데 성도 수가 2만여명 되는 곳이야. 1953년에 설립되었나 그럴 거야."

"대단하네요. 큰 교회네요."

"그런데 건물은 그렇게 크지 않아. 예배 시간을 여러 부로 나눠서 주일에만 7번 정도 예배를 보거든. 성도를 분산해서 좁은 장소를 최대한 이용하는 셈이지."

"네. 그런데 갑자기 교회 이야기는 왜요?"

야마다가 커피 한 모금을 마시고 테이블 위에 다시 내려놨다. 사실 야마다는 브랜드 커피전문점을 준비하고 있었다. 아무래도 젊은이들이 커피를 많이 마시니까 사람들이 많은 곳에서 시작해야 하지 않을까 고민하고 있는데 교회 이야기를 꺼내니 어리둥절했을 것이다.

"그 교회 주변에는 철공소가 대부분이었어. 식당이라고 해봐야 지나다니는 택시기사를 위한 기사식당 정도가 전부였지. 주변 여건도 지하철 철로가 지나가고, 사람들이 많이 다니는 곳이 아니라서 황량한 느낌마저 들던 곳이야. 그런데 재미있는 일들이 일어났어."

"네?"

"바로 길 건너에 삼일슈퍼가 생겼거든."

"왜요?"

"왜일까? 교회 성도들이 예배를 마치고 나오면서 음료수도 마시고 싶고, 교제시간에 필요한 과자 등등, 기타 이런저런 물건을 사야 하는데 가게가 없었던 거야."

"아하!"

"그런데 더 재미있는 건 교회 바로 옆에 삼일마트가 또 생겼어. 경쟁하기 시작한 셈이지."

"세상에."

야마다는 내 얼굴만 바라보며 집중하기 시작했다.

"어느 가게가 이겼어요?"

"누가 이긴 게 중요하지 않아. 두 가게를 채우고도 남을 만큼 손님 수는 많았으니까. 예배를 마치면 길을 건너가서 교제 모임을 갖는 사람들도 있고, 집이나 다른 장소로 이동하려고 지하철을 타러 가려는 손님들도 있었거든. 어차피 길 하나를 사이에 두고 손님들이 갈리니까 두 가게는 서로 경쟁할 필요가 없었어."

"그런데 예배는 주일에만 보잖아요? 일주일 중에 하루만 장사하는 거예요?"

"아니지. 교회엔 사실 주일에만 예배 보는 게 아니라 주일 내내 예배가 있어. 새벽예배도 있고. 그런데 더 놀라운 건 사람들 수가 점점 늘어났다 거야."

"왜요?"

"교회는 하나인데 성도들이 전도하면서 친구, 가족, 직장 동료들까지 오게 되었거든. 두 가게는 가만히 있는 상태에서 자리만 잘 잡았을 뿐인데 손님들이 다른 손님들을 데리고 와주는 상황이 일어난 거야!"

야마다는 가만히 내 얼굴을 보며 뭔가 생각하는 눈치였다. 그러더니 궁금해서 못 참겠다는 표정으로 다시 물었다.

"아, 그럼 저도 교회를 알아봐야 하나요? 성도 많은 교회를 찾아서 그 주변에 가게 열면 어때요? 그거죠?"

"아냐."

"그럼 뭔가요? 궁금해 미치겠어요. 빨리 얘기해줘요."

"아파트나 오피스텔 1층은 관리비도 비싸고 임대료도 비싸니까 추천할 만한 장소는 아냐. 그런데 건물 1층이나 지하, 요즘에는 복합주택 건물로 '맨션'이라는 새로운 주거형태가 있어. 고객들이 자주 놀러가는 곳에 따라가서 가게를 열 생각을 하지 말고, 고객들이 사는 곳에서 가게를 열어 봐. 그게 훨씬 낫지 않겠어?"

"그런 곳에선 어떤 가게를 열죠?"

야마다가 나를 보며 물었다. 그렇게 좋은 장소가 있다면 아니, 발전 가능성 높은 비밀의 가게터가 있다면 빨리 알려달라는 눈빛이었다. 남들 모르는 틈에 자기가 빨리 가서 가게를 열겠다는 의지가 엿보이는 순간이기도 했다.

"우리가 지금 있는 이 가게를 봐."

"네?"

야마다는 주위를 둘러봤다. 일본인 야마다에겐 낯선 풍경이 아니었다. 도쿄 도심에서 자주 볼 수 있는 횟집, 그리고 일본 맥주. 평범한 일본 술집이었다. 야마다가 다시 나를 쳐다봤다. 뭘 보라는 건지 모르겠다는 표정이었다.

"야마다는 고향이 어디라고 했지?"

성공전략 ❶

바닷가 풍경을 그대로 옮겨오다

"아, 저는 요코하마요."

"바닷가지? 하긴 일본은 섬나라라서 어디를 가든 바닷가니까. 그래도 바닷가 출신들은 도쿄나 오사카와 같은 도시에 살면 갑갑하다고 느낀다던데? 그래서 여름이면 해안가에 가서 서핑도 즐기고 하와이로 해외여행을 많이 가잖아?"

"네. 맞아요. 우리 부모님이나 친척들도 하와이에 많이 갔어요. 어떤 분들은 하와이로 이민 가서 아예 거기서 살죠. 그냥 일본이랑 느낌이 같대요. 하와이나 일본이나."

"그냥 일본이 아니라 바닷가지."

야마다의 얼굴을 보며 미소를 지었다. 야마다는 커다란 눈으로 나를 바라보기만 했다.

"일본인들 대부분이 바닷가 출신이야. 그래서 도쿄나 이케부쿠로 같은 도심지에 산다고 해도 항상 바다를 보면 묘한 향수가 있어. 여름이면 파도타기를 즐기는 젊은이들이 많은 이유도 알잖아? 옷 가게엔 서핑하는 사람들을 위해 셔츠와 보드, 선글라스 같은 소품도 팔기 시작하고. 대다수의 일본 젊은이들은 해안가에서 즐기지?"

"그렇죠. 아무래도 바다가 편하니까."

"그래서 도쿄 중심에 이런 가게가 돈을 벌 수 있어. 아까 가게 안으로 들어오면서 어땠어? 야마다가 느끼기에도 편했을 거야. 고향에 온 것처럼."

야마다가 고개를 끄덕였다. 사실 야마다는 오늘 나랑 만나 사업 이야기를 할 생각뿐이었다. 서울에서 어떤 가게를 열어야 할지, 입지가 좋은 곳은 어디인지, 어떤 아이템으로 장사를 해야 할지 고민이었다.

야마다의 여자친구는 사회복지를 전공하는 한국인 여대생이라고 했다. 요코하마 출신으로 게이오 대학에서 공부한 야마다가 서울로 여행을 갔다가 만난 인연이었다.

"서울엔 이런 가게 없어요?"

"비슷한 가게는 있지만 여기처럼 바닷가 풍경을 그대로 가게 안으로 옮겨온 곳은 없지. 여기 오면 마치 바닷가 근처 포장마차에서 술 한잔하는 느낌이 들잖아? 실제로 건물 밖은 매연 가득한 거리에 인스턴트 음식이 즐비한 도시일 뿐인데 말이야."

야마다는 내 이야기를 들으며 다시 고개를 들고 가게 안을 살피기 시작했다. 야마다와 내 앞엔 에비스 맥주 두 잔이 놓였다. 내 앞에 놓인 에비스 잔이 비워질 무렵이었다.

사실 야마다와 내가 들어간 가게는 내부에서만 볼 때 그곳이 빌딩숲 고층건물에 있는 가게라고 생각되지 않을 정도였다. 가게 안에 들어서는 순간 비릿한 바닷가 내음이 나고, 가게 중앙 포장마차 모양의 주방에서 숙달된 안목을 지닌 것으로 보이는 중년의 남자가 회를 뜨고 있는 모습이 보인다. 파도치는 소리 대신 저절로 흥겨워지는 일본 노래만 흘러나왔을 뿐이지 영락없는 저녁 무렵 해안가 포장마차 느낌 그대로였다.

성공전략 ❷

주방 오픈과 주방장과의 아이컨택

오늘의 추천재료를 따로 표시해두고 손님들이 그날 가장 신선한 생선을 맛볼 수 있게 해주는 서비스도 돋보였다. 손님 입장에선 가게 중앙에 주방장이 직접 나와서 재료를 다듬어주는 덕분에 재료에 대한 신뢰, 맛에 대한 믿음이 가는 듯했다.

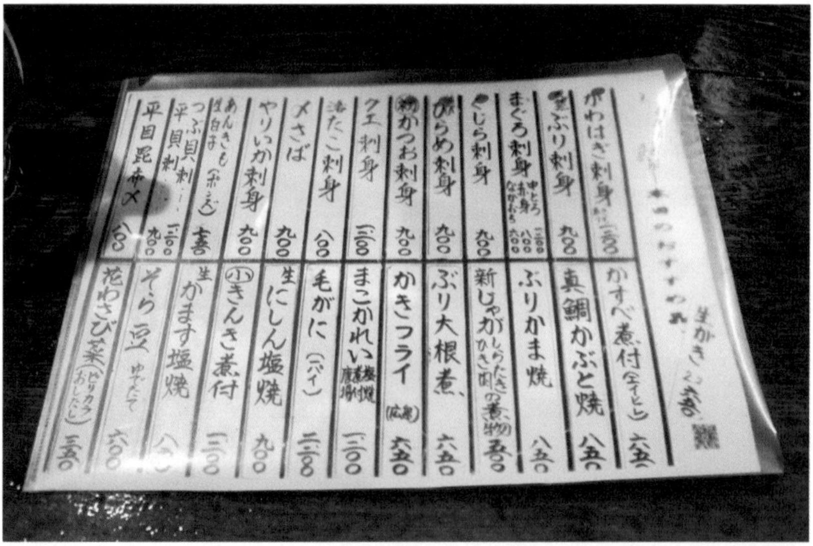

횟집이나 해산물 요리점을 가면 대부분 주방이 보이지 않는다. 주방이 어디에 있는지 알 수 있는 건 오로지 주문한 메뉴가 나오는 작은 창문 하나

였을 뿐 아닌가? 손님 입장에선 주방이 청결한지, 재료들은 신선한지 궁금한데 그것을 보자고 할 수도 없는 노릇이다.

그런데 이 가게는 가게 정중앙에 주방장이 나와서 재료들을 손님들 앞에 내보이고 주문을 받은 즉시 다듬고 손질해서 요리를 만들어냈다. 그뿐만이 아니었다. 주방장은 손님이 재료를 고르는 손짓 하나하나, 시선 하나하나를 따라 움직이고, 나중에 손님이 재료에 대해 질문을 할 때도 직접 손님과 시선을 마주보고 설명해주면서 음식을 준비했다.

아이컨택.

눈과 눈을 마주 보며 대화를 할 때 손님과 주방장 사이에는 믿음이 생긴다. 재료를 정성껏 다듬는 주방장을 보던 내가 옆에 앉은 야마다를 쳐다본 것도 그 무렵이었다.

성공전략 ❸

익숙한 곳, 다양한 맛

"사람들이 가고 싶어 하는 곳을 생각해봐. 가게를 만들 때 아이템 말고 장소를 생각해보는 거지. 때로는 장소가 좋은 아이템이 되기도 해. 가령, 여기처럼 바닷가 밤 풍경을 그대로 가게 안으로 가져오든가, 아니면 우주선도 좋고, 배 위 풍경도 좋아. 특색 있는 장소가 인기를 끄는 경우도 있기는 해.

하지만 한 가지 반드시 기억해야 할 조건이 있어. 야마다가 어떤 장소를 옮겨와서 가게로 만들려고 하든 그 장소는 반드시 사람들에게 익숙한 곳이어야만 한다는 거야. 야마다가 좋아하고 야마다에게만 익숙한 곳이면 안 돼. 무슨 말인지 알지?

많은 사람들이 그리워하고, 누구에게나 공통된 기억이 남아 있는 곳이면 더 좋지. 야마다의 가게를 보는 순간 자신의 오래전 기억을 떠올린 사람들이 저절로 발걸음을 옮기게 될 거야. 그 가게에서 어떤 음식을 팔든 중요하지 않아. 그 사람들은 야마다가 꾸며놓은 가게(장소)가 그리워서 온 거거든. 그 사람들이 행복했던 장소이기도 하고, 한두 가지씩 추억이 남아 있어서 일행들을 데리고 와서 자기 추억을 공유하려고 할 거야.

메뉴는 추억을 떠올릴 만한 것이라면 충분해. 그 사람들은 자기 추억을 일행들과 나누다가 야마다가 가져온 메뉴판을 보면서 이야기를 이어갈 거야. 이 음식은 내가 언제 먹었던 건데 말이야, 이러면서."

한국에선 '회' 하면 수산시장에서 장을 보고 근처 식당에서 회를 떠 매운탕과 곁들여 먹거나, 횟집에서 특정 생선을 주문해 여러 반찬과 같이 먹는 것을 떠올리게 된다. 또는 고급 일식집에서 인테리어가 잘된 룸에 앉아 즐기는 회를 생각한다. 하지만 조금만 색다르게 경영하면 거기에 성공전략이 있다.

이른바 생선회 바bar. 광어도 먹고 싶고 우럭도 먹고 싶고, 방어나 농어를 먹고 싶다고 하자. 한 마리에 보통 몇 만 원에서 십만 원이 넘는 메뉴도 많다. 주머니가 가벼운 사람들은 횟집 가기가 꺼려지는 이유다.

그런데 이럴 때 생선을 소분小分해서 적은 양을 팔면 어떨까? 만 원짜리 한 장으로도 농어와 광어, 방어 한 점씩 먹으려는 손님들이 들어온다. 가게 매출은 술에서 일어나고, 메뉴에서도 일어난다. 주인이 팔고 싶은 메뉴만 파는 가게가 아니다. 손님이 먹고 싶은 메뉴를 모두 먹게 해주는 전략이다. 어느 손님이 이런 가게를 가기 망설일까?

평소에는 집에 머무는 시간이 많다. 그러다가 친구들과 약속이 있을 때 시내로 나간다. 그런 장소에 가게를 열면 오랜만에 만난 친구, 모임, 생일파티, 사은회, 동호회 등 뜨내기 손님을 상대하는 아이템이 효과적인 건 맞다. 커피점도 좋다. 만만한 약속장소가 되면 사람들이 몰릴 게 분명하다.

하지만 만약 당신에게 자금이 부족하다면? 게다가 경제가 좋지 않아 외출을 줄이고 집 안에 머무는 사람들이 많아진다면? 그럼에도 불구하고 당신 가게는 꾸준히 잘될까? 중심상권이라 사람들이 붐비는 곳이긴 하지만 그들이 당신 가게에 들어와서 돈을 쓰려고 할까? 만약 친구와 만나는 장소로만 사용하고 정작 다른 가게에 가서 돈을 쓰려고 한다면?

사람들이 머물고 싶어하는 곳에서 가게를 여는 것도 좋은 전략이다. 주택가도 좋다. 다세대주택이나 빌라 밀집 지역도 좋다. 당신 가게를 알게 된 누군가가 친구를 불러오고 손님을 데려와준다.

"사람들 생각은 크게 다르지 않아. 대부분 거기가 거기야. 내 생각이 다른 사람들 생각이라고 보면 그게 맞아. 살아가는게 뭐 크게 다른가? 아니지. 보물은 반드시 동굴 안에 있는 게 아냐. 내가 가진 물건을 누군가 탐낸다면 그 사람에겐 내가 가진 그게 보물이야."

아파트나 맨션, 다세대주택가 골목에 가게를 열 때는 '생활밀착형 가게(세탁소, 마트, 미용실, 이발소 등)'만이 능사가 아니다. 당신 집 주변에 그런 가게들이 있다는 건 그 동네에 살지 않더라도 다 알 수 있는 사실이다.

'집 근처에 뭐 갈 만한 곳이 있나? 커피 한잔 마시려고 멀리 나가기 귀찮은데.'

사람들의 상식을 깨면서 기회가 생긴다. 그런데 명절이나 휴일뿐 아니라 평일에도 집으로 놀러오는 사람들이 많다. 이웃들과 어울릴 기회도 많다. 차려입고 헤어샵 다녀와서 외출해야 한다면 귀찮아서 포기할 만남이지만, 집 앞에 이웃들이나 집에 찾아온 친지나 친구들과 어울리는 건 또 다르다.

info

즉석 생선회 바

도심 속 바닷가를 누리는 즐거움

도쿄 이케부쿠로역에서 동쪽 출구로 나와 주유소 이면도로에 오면 산뜻한 도심 속 건물에 자리 잡은 횟집을 보게 된다. 오뎅 바도 아니고 흔한 이자카야도 아닌데 이를테면 '즉석 생선회 바'라고 비유할 수 있겠다. 가게 중앙에서 장인으로 보이는 주장방이 숙달된 솜씨로 손님들이 주문하는 생선회를 만들어 내놓는다. 여기에 안주는 에비스 맥주.

도시 한복판이지만, 가게 안에 들어오면 일본 해안가 어느 포장마차에 온

느낌이 드는 곳이다. 그것도 어부가 직접 자기가 잡은 물고기로 회를 만들어 주는 것처럼 느껴진다. 횟집도 아니고 오뎅 바도 아닌 '즉석 생선회 바'를 즐겨본 사람만이 아는 즐거움이다.

03

엉덩이만 오세요

작은 카페는 작은 카페대로, 큰 커피점은 큰 커피점대로 요즘 장사가 안 되 힘들다고 아우성이다. 가게에 온 손님들(커피를 주문하지 않고 자리만 차지하고 앉아 시간을 때우다 가니 손님이라고 부를 수 있을지 모르지만)은 많은데 매출은 늘지 않아서다. 작은 커피점은 대부분 테이크아웃 형태로 커피를 팔고 있지만 이마저도 장사가 잘 안된다. 쿠폰제도 써보고 아메리카노 가격을 한 잔에 1500원으로 대폭 할인해 광고도 하면서 단골을 만들려고 애쓰지만 이마저도 신통치 않다.

무엇이 문제일까?

커피점에서 커피를 마시지 않는 사람들, 가게에서 물건을 사지 않는 사람들, 당신 가게는 이제 무엇을 팔아야 할까?

성공전략 ❶

커피가 아닌 장소를 팝니다

"요즘 누가 물건을 팔아요? 사람들은 더 이상 물건을 사지 않아요. 제가 하려는 아이템은 서비스를 파는 거예요. 그래서 가게를 만들 장소만, 그러니까 공간이 필요하다고요."

"그럼 장소를 파는 것은 어떠세요?"

"장소를요? 아니, 장소를 뭐 한 칸 두 칸 떼서 파나요? 장소 다 팔면 또 장소를 구하거나, 장소를 만들어야 된다는 거예요? 지금?"

"장소가 뭐 물건인가요? 장소를 빌려주라는 거죠. 임대사업을 하세요. 장소가 필요한 사람들에겐 장소를 팔고, 장소가 필요 없는 사람들에겐 음식만 파세요. 여기서 음식을 사고 딴 데 가서 먹으라고 해도 그렇게 할 거예요."

"네? 딴 데 가서요? 그리고 장소 임대요?"

"네. 사무실이나 가게처럼 부동산을 임대하란 얘기가 아니고요, 사람이 앉을 자리, 그러니까 의자 한 개를 임대하란 뜻이에요. 요즘 사람들에게는 그런 게 필요해요. 아참, 그 자리 옆 2m 이내엔 전원 콘센트를 반드시 만들어두세요."

시부야109 쇼핑몰을 나와서 미나미아오야마南青山로 향했다. 오늘 내 일행은 오사카에서 도쿄로 출장을 온 카지야마였다. 오사카 태생인 카지야마는 태어나서 학교를 다닐 때도, 회사에 다니면서도 오사카를 떠나본 경험이 없다고 했다. 그런 그가 신칸센을 타고 도쿄에 왔다. 도쿄 여행이 처음이라는 카지야마는 장소를 임대해주라는 내 이야기를 이해하지 못한 표정이었다.

미나미아오야마에 들러 cafe MUJI에 들어섰다. 넓은 공간에 곳곳에 놓인 테이블에는 사람들이 앉아 있었다. 빈자리가 보이지 않았다. 다시 나가야 하나 난감한 상황에서 마침 창가쪽 테이블에 앉은 여성이 일어섰다. 다행이었다. 코드를 꼽을 수 있는 콘센트도 가까이 있는 자리였다.

"잠깐만요, 저 와이파이 좀 볼게요."

카지야마와 자리에 앉았다.

나는 스마트폰을 먼저 켜고 전원 잔량을 확인하고 충전케이블을 연결했다. 20% 정도밖에 안 남았던 스마트폰에 배터리가 충전되기 시작했다. 스마트폰 배터리가 줄어들면 불안해지는게 영락없는 현대인인가 싶다. 와이파이도 신호 세기가 강했다. 안심이 되었다.

이제 남은 건 카지야마의 문제였다.

"메뉴 고르죠. 이곳에서는 커피와 빵, 간단한 식사도 되요."

이럴 땐 식사를 하면서 얘기하는 게 최고였다. 사람은 배가 고프면 신경질을 낸다. 그래서 거꾸로 신경질이 날 때 식사를 하면 짜증이 사라지는 경우가 종종 있다. 카지야마는 평생 도쿄에 한 번도 오지 않아도 될 사람인데, 한국 거래처인 나에게 매장 오픈에 대해 상담해주려고 머나먼 도쿄에 온 것만 해도 큰 선심을 썼다고 생각하는 듯했다. 하지만 어느새 입장이 바뀌었다.

카지야마는 40대 초반의 부장이었다. 주문을 하고 음식을 받아들고 다시 자리를 오기까지 몇 분이 채 지나지 않았다. 카지야마는 일본인 특유의 매너를 보이며 음식을 들고 온 내게서 쟁반을 받아 테이블 위에 놓았다.

상담시간이 아니라 식사시간이 되었다. 분위기는 훨씬 부드러워졌다. 물론 내게는 여전히 상담시간이었다. 카지야마에게 빵을 건네고 커피를 그의 앞에 가까이 놓아주었다.

"cafe MUJI는 일본에서도 유명하죠. 생활용품이나 의류, 식품도 다 팔거든요. 가격도 싼데 품질이 좋아요. 요즘엔 이렇게 카페 사업도 하잖아요? 정말 MUJI에 오기만 하면 모든 게 다 해결되는 그런 곳이 되었다니까요. 그래서 다들 엉덩이만 무거워졌어요. 자리에 앉으면 일어날 줄을 몰라요. 엉덩이에 자석을 붙여놨나."

성공전략 ❷

쾌적한 장소와 테이블, 그리고 와이파이어

카지야마는 주위를 둘러보면서 말했다. 한 조각을 입에 물고 나머지 빵은 손에 든 상태로 다른 손엔 커피를 들고 홀짝거리며 마시는 중이었다.

"카지야마 씨, MUJI에 대해 잘 아시네요? 사업하는 사람들이라면 거래처와 상담하기도 좋고, 간단한 메뉴도 주문할 수 있어서 편리한 거 같아요."

카지야마가 고개를 끄덕였다. 시간은 오후 2시가 조금 지난 무렵이었다.

아침 일찍 문을 여는 이곳에는 브런치를 위해 들르는 손님들도 많았다. 간단한 빵과 음료를 세트로 주문해도 1000엔 정도면 가능했다. 도쿄 시내에 평균적인 식당에서 식사를 할 때 드는 금액과 비교해도 비싸지는 않았다. 게다가 쾌적한 장소와 테이블, 인터넷이 가능한 와이파이를 켜두고 자기가 원하는 시간만큼 앉아 있어도 누가 뭐라고 하지 않는 장소였다.

그래서인지 cafe MUJI엔 사람들이 항상 많았다. 거래처로 보이는 사람들은 몇 테이블 정도뿐이었다. 나머지 테이블엔 20~30대들이 각자 테이블마다 앉아서 노트북을 펼쳐 놓거나, 노트를 꺼내 놓고 뭔가 열심히 작업을 하는 중이었다. 노트북을 사용하는 사람은 보고서를 쓰는 듯했고, 노트를 펼쳐둔 사람들은 입시준비 중이거나 외국어 공부를 하는 것처럼 보였다.

카페는 더 이상 연인들만의 공간이 아니었다. 이제 막 사랑에 불붙은 연인들이 카페에 들어와 구석진 자리에서 밀어를 속삭이는 공간이 아니다. 한국에서도 마찬가지다. 커피점에 가면 커피를 먹는 게 아니라 장소값을 내는 거라고 여긴다. 커피가 비싼 게 아니라 인테리어가 멋진 곳에서 내 시간을 갖는데 쓰는 비용이라고 생각한다.

하지만 그게 다일까?

요즘 커피점에서 노트북으로 쇼핑몰을 운영하는 사람, 공부만 하고 커피는 마시지 않는 사람들을 이야기하려는 게 아니다. 넓은 커피점 안에 사람들이 많아도 실제 매출엔 도움이 안되더란 얘기가 아니다. 누구나 아는 얘기라면 꺼내지도 않았다. 카지야마도 이런 내 속뜻을 모르는 게 분명했다. 나는 커피점에서 '장소' 그 다음에 팔 아이템에 대해 이야기를 꺼내려던 참이었다.

성공전략 ❸

젊은이들의 라이프스타일을 파악하라

"카지야마도 일본인이지만 그런 일본인 특유의 정서를 현대화된 삶의 방식에 접목한다면 어떨까?"

"네? 그게 뭔가요?"

카지야마가 그제야 내 이야기가 무슨 뜻인지 다시 물었다.

"최근 20~30년 사이에 일본은 고령화사회에서 초고령사회가 되었어요. 전체 인구 1억 3000만 명 되는 중에 65세 이상 노령인구가 25% 정도 되거든요. 65세 인구가 7% 이상일 때 고령화사회, 14% 이상일 때 고령사회, 20% 이상일 때 초고령사회라고 해요. 전 세계는 이미 고령화사회이거나, 고령화사회가 되어가고 있지요. 지금과 같은 추세라면 한국도 2060년 65세

인구가 40% 이상이 되어 초고령사회가 되지요. 하지만 일본이 한국보다 그 속도가 더 빠른 듯해요."

"맞아요. 젊은이들은 아이를 낳지 않고, 맞벌이를 하기 때문에 서로 바쁘죠. 저도 오사카에서 살지만 도쿄나 오사카나 마찬가지거든요. 저희 부모님만 해도 일이 바쁘셔서 가끔 제가 부모님 대신 할머니와 할아버지를 모신다니까요. 제 아내는 고등학생 때부터 할머니를 돌봐드렸대요. 아침식사부터 시작해서 할머니와 목욕도 같이 하고, 잠도 같이 잤대요. 진짜 이런 현상이 일본에선 큰 문제에요."

카지야마가 이야기를 하며 고개를 연신 끄덕였다. 이번엔 내가 말했다.

"요즘 사람들은 상품을 사지 않는다는 게 맞아요. 집 앞 슈퍼? 대형마트? 인터넷 쇼핑몰? 요요기공원이나 하라주쿠에서 열리는 벼룩시장? 물건을 파는 사람은 많은데 정작 물건을 사는 사람들은 점점 줄어들죠."

카지야마가 고개를 살짝 위아래로 끄덕였다. 자기가 아까 한 말이 바로 그거라는 표시였다. 내 이야기는 아직 끝난 게 아니었다.

"상품을 사지 않는 이유가 중요한데요, 아까 카지야마 이야기처럼 청년들이 돈이 없어요. 할머니와 할아버지를 모시는데 무슨 돈이 있어서 쇼핑을 하고 데이트도 하고 그러겠어요? 그래서 상품이 아니라 장소가 필요해요."

"장소요?"

카지야마가 다시 물었다.

"네, 젊은 사람들이 돈을 벌 수 있는 장소요. 공부를 할 수 있는 장소도 필요해요. 공부를 해서 좋은 직업을 가지면 돈을 더 많이 벌 수 있을 테니까요. 그리고 할머니, 할아버지를 모시려면 항상 가까운 곳에 있어야 하는데 개인 시간이 자유롭지 않은 회사에 다닐 수가 없어요. 그러니까 또 장소가 필요해요. 할머니, 할아버지와 멀지 않은 곳에서 공부를 하거나 창업을 할 수 있는 그런 장소요."

"요즘 일본에선 노인들도 혼자 사는 경우가 많아요. 독거노인이 사회 문제화되는 추세인데요. 조부모를 모시고 산다는 일본 젊은이가 많나요?"

"일부 그렇기도 해요. 하지만 요즘 신혼부부가 아이를 낳으면 누구에게 맡기죠? 시어머니나 친정 엄마에요. 하지만 친정 아빠나 시아버지가 보기도 하죠. 어린이집에 맡기는 사람들도 있지만, 어린이집에 낼 돈을 부모님께 드리고 의지하려는 사람들도 많아요. 어린이집에서 벌어진 사건사고 뉴스도 영향을 주었고요. 이렇게 아이를 부모에게 맡기는 세대가 늘어나는 중인데요, 집은 따로 살아도 왕래하기는 편한 곳, 아이를 부모에게 맡기고 나는 창업하고 사업할 수 있으려면요? 그들을 대상으로 장소를 빌려주는 사업을 하면 돈을 벌겠죠?"

"아……"

"예를 들면?"

"cafe MUJI."

"네."

카지야가 고개를 끄덕였다.

이제야 내 이야기를 이해한 표정이었다. 카지야마 얼굴 표정이 다소 심각하게 변했다. 어떤 장소를 팔 것인지 고민하는 모양이었다.

물론 고령화사회 문제는 일본인들에게만 해당되는 일은 아니다. 하지만 일본 정부에서는 초고령화사회 진입을 심각한 상황으로 받아들이고 해결책을 찾으려는 이유는 '속도' 때문이라고 했다. 어느 나라 할 것 없이 고령화사회가 진행되고 있지만 '고령화사회'에서 실제 '고령사회'로 접어드는 국가들이 속속 나타나고 있는데, 프랑스가 115년 정도 걸렸다면 일본은 24년밖에 안 걸렸다고 했다.

그래서 일본 정부에서는 청년들의 부담을 덜어주려고 외국인 노동자를 적극 받아들이고 있다고 하는데 궁극적인 해결책이 될 수 있을 것인지는 일본의 중년세대인 카지야마로서도 확신할 수는 없다고 했다. 자기가 상품을 팔지 않고 서비스를 팔려는 전략을 세운 것도 마찬가지 이유에서였다고 말했다. 상품을 만들어봤자 돈을 내고 살 사람이 부족한 상황에서 차라리 사람들이 해야 할 일을 대신해주는 '서비스 상품'을 만들면 오히려 더 사업성이 있을 것 같다고 했다.

맞다. 카지야마의 설명이 틀린 말은 아니었다. 시간이 없고 돈이 없는 일본 청년층에게 그들이 짊어진 부담을 덜어주는 서비스상품이라면 확실히

효과를 기대할 수도 있다는 생각이 들었다. 어떤 서비스를 대행할 것인지, 서비스상품의 가격은 얼마를 받을 것인지만 결정하면 될 문제이기도 했다.

하지만 카지야마가 하려는 서비스상품 사업은 일본인들의 개인적 영역 안으로 들어가야 한다는 점에서 고민이 점점 깊어진다고도 했다. 카지야마가 나를 만나러 도쿄까지 한달음에 달려온 이유였다. 서비스를 상품으로 만들려는데 어떤 상품을 만들어야 할지 의논해 보려는 목적이었다. 그런데 내가 거기에 대고 '장소'를 팔라고 했으니 카지야마로서는 황당할 만했다.

"그러니까 장소를 팔아야 해요. 상품을 내세우지 말고 장소만 보여주세요. 그러면 사람들이 장소를 가지려고 상품을 살 거예요. 한 번 앉으면 일어나지 않는 사람들, 그들에게 맘껏 앉아 있으라고 하세요. 돈 내고."

카지야마가 다시 눈을 동그랗게 뜨고 나를 쳐다봤다.

"엉덩이만 오라고 하라고요?"

기껏 서비스상품의 중요성을 이야기했건만 아직도 자기 이야기가 무슨 뜻인지 이해가 안 되냐는 표정이었다. 물론 카지야마의 주장을 모르는 바는 아니었다. 카지야마를 보며 다시 말을 이었다.

"cafe MUJI에 사람들이 왜 올까요? 생각해 보세요. 여기 왔을 때 우리가 가장 먼저 찾은 건 뭐지요? 여기서 파는 빵이나 메뉴를 찾았나요? 아니죠? 우린 장소를 찾고 있었어요. 우리 엉덩이를 붙일 자리를 찾고 있었다고요. 애초에 여기서 파는 빵이나 음료를 먹으러 온 게 아니었죠. 우린 여기 와서 이야기를 나눌 장소가 필요했고, 스마트폰을 충전시킬 콘센트 그리고 인터넷을 하기 위해 와이파이가 필요했을 뿐이에요."

"그런데요?"

카지야마가 물었다.

"cafe MUJI는 우리에게 엉덩이를 놓을 장소를 판 거죠."

"네?"

"우린 여기서 장소를 샀던 거예요. 그리고 이 자리 '장소'에 머물려고 하다 보니 빵이나 음료를 더 추가로 사야했던 거죠. 이해되시죠?"

"사회가 발달할수록 사람들은 눈에 보이는 상품보다는 그들이 필요로 하는 무형의 상품을 더 필요로 해요. 형체가 있는 유형의 상품은 세상 어디를 가더라도 없는 곳이 없어요. 사람들이 쳐다보는 곳곳마다 있죠. 사람들은 상품이 부족하다고 느끼질 않아요. 그래서 더 많이 사려고, 더 빨리 사려고 노력하지 않죠."

"맞아요."

카지야마가 고개를 끄덕이며 내게서 시선을 떼지 않았다. 내가 왜 자신과 cafe MUJI에 왔는지 그제야 알아챈 듯했다.

"하지만 장소는 어때요? 사람들은 자기만의 장소를 원하기 시작했어요. 사람들마다 원하는 장소가 다 다르죠. 중요한 거래처를 접대하려는 사람은 좋은 식당을 찾고, 데이트하는 연인들은 분위기 좋은 카페를 찾으려고 할 거예요. 그런데 경기가 어려워지면 데이트도 줄이고 거래처 접대도 줄이겠죠? 그 대신 뭐가 늘어날까요? 창업자들이 생기게 되요. 그런데 창업자들 가운데는 아무것도 없는 상태에서 창업하려는 사람들보다는 기존에 하는 일 외에 추가로 뭔가를 해서 돈을 벌려는 사람들이 더 많아요. 아무것도 없는 상태에선 뭔가를 시작할 수 있는 돈이 부족하거든요. 오히려 돈을 벌던 사람이 더 벌기 위해 하던 일을 하면서 새로운 일을 벌이는 거죠."

"그래서 바쁜 사람들에게 필요한 게 바로?"

"장소."

"그 장소군요."

"네. 하던 일을 계속하면서도 잠깐 동안의 짬을 내서 또 돈을 벌 수 있는 장소요. 이런 곳이면 최고죠. 거래처와 미팅을 할 수 있고, 노트북 컴퓨터 한 대 놓고 자기 일을 할 수도 있어요. 인터넷도 되고, 배가 고프면 간단한 끼니도 해결할 수 있죠. 비용도 비싸지 않아요. 이런 장소를 파는 사람은 어떨까요? 생산비가 들어갈까요?"

"아니죠. 한 번만 시설을 꾸며두면 '장소'를 팔기 위해 더 돈을 쓸 필요는 없죠. '장소'란 것은 사라지는 게 아니니까 바쁜 사람들은 알아서 왔다가 다시 나갈테고. 상품회전율, 그러니까 커피 한잔 시켜놓고 하루 종일 머물거나 하는 그런 손님은 거의 없겠네요."

카지야마는 이제야 내 생각을 이해하겠다는 표정을 지었다. 얼굴이 밝아졌다. 자기 공간에 대해 특히 소중하게 생각하는 사람들이라면 상품을 팔 게 아니라 장소를 팔면 될 뿐이었다. 바쁜 사람들에게 당신의 일을 내게 맡기라고 대신 해주겠다고 그들을 설득할 필요도 없었다. 장소를 찾는 사람들이 스스로 와서 알아서 일하고 알아서 가게 하면 될 노릇이었다.

"하지만 장소를 파는 사업도 오래 할 수 있는 아이템은 아니에요. 지금 당장은 사람들이 사무실 임대료도 아끼고 집안일도 가까운 곳에서 볼 수 있는 이점 때문에 장소를 파는 가게가 인기인데요, 경기가 좋아지고 사람들이 돈을 벌게 되면 장소 아이템은 금방 인기가 수그러들 거예요."

"네? 그렇군요. 그럼 어떻게 해야 하죠?"

“생각해 보세요. 지금 사람들에게 ‘장소’만 필요하게 된 이유가 뭘까요? 그건 경제 시스템에 인터넷이 생겼기 때문이에요. 인터넷이 없었다면 사람들은 여전히 사무실로, 거래처를 오가며 팩스 한 통 기다리느라 퇴근도 못했을 거예요. 그럼 인터넷 덕분에 ‘장소’라는 인기 아이템이 생겼는데 그 다음이 뭘까요? 그 다음엔 스마트폰이에요.”

“네?”

“사람들은 어느 순간부턴 장소도 떠나게 되요. 장소마저 필요가 없어지죠. 옥외광고나 건물 현수막도 사라지는 중이에요. 왜일까요? 사람들이 손바닥만 보고 다니니까 기존의 광고판 효과는 거의 전멸하다시피 됐어요. 거리에 광고 좀 봐달라고 간판 들고 선 사람들도 생겼잖아요? 스마트폰 생기면서 카지야마 씨는 지하철 안에서 광고판 보신 기억이 있나요? 그 많던 지하철 무료일간지들이 순식간에 사라졌어요. 이처럼 세상의 트렌드는 순식간에 변하죠. 요즘엔 스마트폰 한 대만 있으면 손바닥 안에서 모든 게 해결되거든요. 장소가 필요 없는 이유죠.

커피점에 나올 필요도 없고요, 집에 침대에 누워 일을 해도 되는 아이템들이 필요해요. 영상통화, 게임, 문자메시지 같은 기능을 잘 살펴보면 새로운 아이템이 보일 거예요. 사람들이 장소를 떠나기 시작할 때 새로운 아이템을 찾으려고 하면 너무 늦어요. 지금 찾아보세요. 스마트폰 안에 히트 아이템이 있어요.”

카지야마가 하려는 사업은 너무 힘든 사업이었다. 사람들에게 일일이 설명하고 설득해야 했다. 그래도 상대방이 선뜻 돈을 내면서까지 자기 일을 맡기리란 보장이 없었다. 설득하는 데만 오랜 시간이 걸릴 게 분명했다. 그래서 카지야마는 '어떤 서비스 상품을 만들어야 할지 고민' 하는 중이었다. 거기에 대고 나는 '장소'를 팔라는 이야기를 해준 하루였다.

일을 더 하려는 요즘 사람들에게 '장소'를 제공하는 것 자체가 가게의 아이템이 될 수 있다. 장소를 파는 사업은 비전이 있다. 시내 커피점을 가보면 이른 아침부터 노트북 한 대 테이블 위에 놓고 열심히 일이나 공부를 하는 사람들이 많다. 도저히 1인 기업이라고는 생각하지 못할 정도로 큰 사업을 하는 사람도 많다. 과외, 통·번역, 무역을 하는 사람도 있다.

이른바 사무실이 필요 없는 사업이 인기를 얻는 중이다. 취업하기 어려워 창업으로 돌아선 사람들 이야기가 아니다. 애초에 취업보다 창업을 목표로 1인 창업을 하려는 사람들 수가 급속도로 늘어나는 중이다. 이들이 필요로 하는 건 상품이 아니다. 그들이 일할 수 있는 장소다. 그들이 엉덩이를 붙이고 앉아 맘껏 일할 수 있는 곳이 필요하다.

info

Cafe MUJI

비즈니스 청춘을 위한 모든 것

일본에 한 번이라도 여행을 다녀왔다면 가격 대비 품질이 좋은 아이템으로 승부하는 생활용품샵 MUJI를 모르는 사람은 없을 것이다. 생활용품뿐만 아니라 의류, 가구 그리고 식품과 카페 및 레스토랑 사업까지 품목을 늘려가는 MUJI는 한 끼 식사에 1000~1300엔 정도면 내 입맛에 맞는 메뉴만 골라서 해결이 가능하다. 시부야 여행을 계획하고 있다면 도쿄 미나토구 미나미아오야마南青山 점에 들러보기를 추천한다.

04

추억을 공유합니다

먹자거리에 가게를 여는 사람들은 단골보다 뜨내기 손님이 매출을 올려 준다고 입을 모은다. 대를 이은 가게도 아니고, 어떤 메뉴에 장인의 숨결이 담겨 있어 맛 하나로 승부하는 가게가 아닌 경우가 대부분이다. 회사를 그만두고 자의 반 타의 반으로 거리에 내몰린 사람들이거나, 회사 생활이 지겹던 차에 퇴직금이나 그동안 부어오던 적금을 깨 가게 하나 차리려는 사람들이기도 하다.

"뜨내기 손님도 없어! 사람들이 다 어딜 간 거야?"

그러나 얼마 후 손님이 생각만큼 오지 않으면 초조한 마음이 앞선다. 가게 오픈발(새로 문을 열면 찾아오는 손님)도 떨어지고 가게 앞 골목에 다니는 사람들은 많은데 이상하게 자기 가게엔 들어오지 않는다는 푸념이었다. 그들에게 무슨 일이 생긴 걸까? 손님들은 다 어디에 있는 걸까?

성공전략 ❶

야외 공간과 실내 공간으로 나누다

시부야에 횡단보도가 이렇게 많았던가? 모리카와를 쫓아다니며 내가 이날 건너본 횡단보도를 어림잡아 계산해보니 십여 개가 훌쩍 넘었다. 모리카와는 횡단보도를 걷는 게 시시했던 모양이었다.

모리카와가 오모테산도表参道 JR역 방향으로 걷기 시작했다. 시부야역에서 오모테산도역으로 가는 길에 키타아오야마北青山가 나오는데 이 동네엔 건물 외벽이 유리로 되어 있어서 마치 공항(나리타공항이나 인천공항처럼 외벽이 유리로 된 느낌)에 온 기분을 만끽할 수 있는 멋진 A0빌딩이 있다.

"시부야 횡단보도는 진짜 넓어. 처음부터 이렇게 넓게 만든 건 아닌 것 같은데……."

"점점 넓어졌어. 사람들이 자꾸 많아지니까."

"좁게 해서 줄 서서 다니라고 해도 괜찮았을 거 같아. 횡단보도가 마치 4차선 왕복차도 같아. 왜 이렇게 넓어?"

"그래도 시부야니까."

모리카와가 어깨를 들썩하며 자신도 잘 모르겠다는 표정을 지었다. 횡단보도가 넓다는 것은 알아도 그 이유에 대해선 궁금하지 않았다는 표정이었다. 모리카와는 내 앞에 서서 길을 걷다가 A0빌딩 안으로 들어섰다.

언제쯤인가? 모리카와가 미국 유학 중에 잠시 일본에 온 날이 있었다. 마침 나도 일본에 있었던 터라 저녁에 잠시 보기로 하고 약속장소를 고르는데 그때도 A0빌딩이었던 것으로 기억된다. 말끔한 건물 외벽 그리고 고급스러운 인테리어, 그중에서도 가장 좋은 장소는 투 룸즈TWO ROOMS라는 카페 겸 레스토랑이었다. 나는 와인이나 간단한 위스키 정도를 마시기에 이곳을 바BAR

라고 부르지만 말이다.

그런데 여기서 퀴즈. 이 가게 이름은 왜 '투 룸즈'일까? 술을 마시는 룸을 따로 둔 곳도 아니었다. 가게 내부가 두 개의 공간으로 나뉜 것도 아니었다. 그런데 가게 이름이 투 룸즈. 투 개의 방이다.

가령 이런 경우다. 당신이 어느 가게에 갔다.

더운 여름이든 추운 겨울이든, 선선한 가을이든 볕이 좋은 봄이든 그 어느 계절 중 하루일 게 분명하다. 당신은 어떤 가게를 떠올릴까? 당신이 어디에서 왔든 그건 중요한 게 아니다. 당신은 분명 그날 바깥 날씨를 보고 외출을 결심했을 테니까. 퇴근 후, 집으로 곧장 가기는 싫다. 친구를 불러내 차 한잔하고 들어가고 싶다. 이때 당신의 선택은?

투 룸즈는 이러한 사람들의 심리를 정확하게 짚어낸 곳이다. 이 건물은 낭만과 현대적 분위기를 선호하는 젊은층의 구미를 정확하게 맞췄다. 투 룸즈에 오는 손님들은 새로운 걸 좋아하고 취향이 다양하다. 가게에 가더라도 야외 테라스에서 와인 한잔하는 게 더 좋은 사람들이기도 하고, 비가 내리는 날엔 가게 안에서 창밖에 비 내리는 풍경을 보며 커피 마시는 걸 즐기는 사람들이다. 투 룸즈는 야외 공간과 실내 공간으로 구분된 두 개의 '방Room'을 의미한다.

투 룸즈는 도쿄 패션거리 시부야에 인접해 있다. 도쿄의 거리, 도쿄의 날씨, 도쿄의 유행과 트렌드를 한눈에 바라볼 수 있는 곳, 그 자리에 어울리는 음악과 와인 그리고 식사메뉴를 곁들인 곳. 투 룸즈에 오는 손님들이 IT와 패션 분야에 종사하는 사람들인 이유다.

성공전략 ❷

손님들의 스타일과 눈높이에 인테리어를 맞춘다

평일이라서 그런지 평소보단 손님들이 많지 않아 다행이었다. 그날 만큼은 상쾌한 늦가을 날씨라서 모리카와와 나는 실내가 아닌 야외 테라스에 앉기로 했다. 쌀쌀해진 날씨 때문이거나 아니면 외부 테이블(옥상 테라스에 놓인 테이블)에 앉는 손님들을 위해 온열난로가 설치된 점도 마음에 들었다.

'투 룸즈'의 내부는 A0빌딩의 디자인적 요소를 살려 현대적이고도 고급스러웠다. 검정색 가죽소파와 질감 좋은 생목으로 테이블을 비치한 점만 보더라도 이곳에 오는 손님은 전문직 직장인들이 많을 것 같았다. 이곳의 단골이 되기 전 투 룸즈에 처음 왔을 때 느낀 점이다.

투 룸즈에서 건물 평수가 좁은 것도 아니었지만 한정된 장소에 많은 테이블을 두기보다는 넉넉한 공간을 사용하도록 배려한 점도 느껴졌다. 외부 테이블에 앉으면 시부야 지역 야경이 한눈에 들어와 밤하늘 별빛과 함께 싱그러운 느낌을 받을 수 있다.

단정하게 차려입은 직원들이 서비스하며 손님들이 올 때마다 나지막한 목소리로 인사하는 곳, 자리에 앉은 몸을 뒤로 뉘이면 어느 누구에게라도 편안한 휴식을 선사하는 그런 공간이었다. 엘리베이터를 타고 내리는 사람들 눈앞에 펼쳐지는 광경이기도 했다.

투 룸즈의 직원이 모리카와와 내가 앉은 테이블 위에 와인잔 두 개를 올려두고 와인을 반쯤 채워준 다음이었다. 아주 오래전 그때와 다를 바 없는 모습이었다. 기억하는지 모르지만 모리카와와 나는 지난번 그 자리에 똑같이 앉아 있었다. 투 룸즈 옥외테라스에 놓인 테이블 위치도 바뀌지 않은 듯했고, 모리카와와 나는 투 룸즈가 허락한 야경을 마치 세상에서 제일 멋진 시부야 야경인 것처럼 새삼 감격하는 중이었으니 말이다.

성공전략 ❸

상상만 해도 기분이 좋아지는, 오래 머물고 싶은 곳

"이곳에 오면 여러 가지 추억이 떠올라. 내가 어디를 갈까 고민할 때 바하나 베니시카를 먼저 떠올리지 않은 이유가 뭘까? 그건 여기 투 룸즈에서 누리는 추억이 더 큰 이유 때문인 것 같아. 이래서 내가 투 룸즈에 그렇게 오고 싶어 했나 봐."

"향기 있는 투 룸즈?"

"어, 그 말 기억하네? 나 여기 처음 왔을 때 이 건물 디자인이랑 인테리어에 반했잖아. 내 취향이라고 그러면서 여기 야외 테라스에 앉아 와인 마시는데 그 말을 했었지? 도쿄 향기를 마시는 거 같다고. 도쿄의 밤공기를 와인잔에 담아 마시는 기분이었어.

하루 종일 저 아래에서 바쁘게 일하다가 저녁에 퇴근하고 여기 앉아 와인을 마시면, 내가 오늘 하루도 열심히 살았구나 하는 나만의 향기에 빠진다고 할까? 투 룸즈라는 가게 이름도 저 아래의 내 모습과 여기서의 내 모습을 말하는 거 같아서 좋아. 바쁘게 일할 때는 힘들지만 이따가 투 룸즈 가서 와인 한잔해야지 하는 상상만 하더라도 기분 좋아지는 그런 거 알지?"

"알지. 그래서 모리카와가 여기 오고 싶다고 할 때도 금방 이해했어. 추억이 고픈 상태인 거."

"맞아. 투 룸즈엔 여기로 앉아라, 저기로 앉아라 이런 것도 없고, 손님이 와서 자기 취향대로 편한 자리에 앉으면 되거든. 모든 분위기를 만들어 놓고 추억은 손님이 만들라는 건가? 아니면 손님이 추억을 가져오면 투 룸즈가 보관해 주겠다는 건가? 여기에만 앉으면 즐거웠던 기억도 많이 생각나고 오래 머물게 된다니까."

"투 룸즈가 장사 잘하네. 손님이 오래 머물면서 와인을 여러 번 주문할 테니까."

"추억 한 번에 와인 한 모금이라 이거지?"

"응."

장사는 브랜드다

손님의 추억이 가게의 브랜드가 된다. 그 브랜드는 홍보를 얼마나 하느냐와 가게의 규모와는 상관없다. 장사는 찾아온 손님이 단 한 명이더라도 그 사람이 시간이 흘러 다시 찾아오고 싶어 하는 곳이 되어야 하는 게 중요하다. 그러려면 장사가 잘되든 안되든 상관없이 장기적인 안목으로 '그 자리'를 지키는 게 중요하다.

추억은 강요하는 게 아니라 저절로 만들어진다. 사람들을 똑같은 장소에 데려다 놓더라도 각자 기억하고 생각하는 게 다르기 때문이다. 어제 당신이 다녀온 커피점을 기억해보자. 당신은 누가 기억나는가? 당신과 같이 간 사람 외에 당신과 함께 머물렀던 사람들 얼굴이, 그들의 이야기가, 당신에게 커피를 건네준 직원의 얼굴이라도 기억나는가?

당신은 그 커피점에 갔지만 다시 가져온 것은 당신의 추억일 뿐이다. 다른 사람들도 마찬가지다. 당신이 그들의 추억을 만들려고 하지 말고 그들이 각자의 추억을 만들어 가져가게 해야 한다. 추억이 있는 사람들은 언제든 다시 오고 싶어 하니까 말이다. 그래서 모리카와와 내가 들른 가게는 추억이 담긴 가게였다. 우리는 다른 사람들처럼 추억을 두고 온 그 가게에 들러 예전 느낌을 돌려받은 것뿐이었다.

info

TWO ROOMS

와인향에 흐르는 추억

시부야역에서 오모테산도역 방향으로 걷다 보면 도쿄 미나토구 키타 아오야마가 나온다. 이 동네에 외벽이 유리창으로 만들어진 멋진 A0빌딩이 있는데, 이 안에 식사와 와인을 즐길 수 있는 투 룸즈가 있다. 커피는 850엔, 칵테일이나 주류는 한잔에 1000~1500엔 정도에 즐길 수 있다. 시부야에서 쇼핑하고, 도쿄의 야경을 보면서 분위기 있는 곳에서 와인을 한잔 즐기고 싶다면 '투 룸즈'에 들려보자.

05

1000원 커피에 사로잡힌 사람들

컵밥을 먹게 될지 몰랐다는 수험준비생들이 있다면, 그 이전에 컵밥을 팔게 될지 몰랐다는 상인들도 있다. 2500원에 판매되는 컵밥은 돈이 없는 수험생들의 인기 메뉴다. 컵에 밥을 담고 그 위에 반찬 한두 가지를 얹어 식사를 하는 건데 이를테면 덮밥의 변형 상품이다. 아직 돈을 벌진 못하고 정해진 용돈 안에서 버텨야 하는 수험생들에겐 식당에서 6000원 주고 한 끼 식사를 하기도 부담되는 게 사실이다.

"요 앞에 회사가 직원들 한 달치 점심식사를 대주면 월별 결제해준다고 했는데, 회사가 사라졌어. 이젠 식사 때마다 꼬박꼬박 돈 내고 먹으라고 하려고."

직장인들을 위한 점심 메뉴로 6000원짜리 한 끼 식사를 내놨는데 그것도 잘 안 팔리고, 라면 한 개에 김밥 한 줄로 5500원짜리 식사를 하거나 김밥 한 줄로 2000짜리 식사를 하는 여자 손님들도 많아졌다며 나라 경제를 걱정하는 가게 주인이 한숨 섞인 이야기를 한다. 그런데 과연 식당 주인의 말처럼 사람들 지갑이 얇아진 이유가 경제 탓일까? 식당에 오는 손님이 줄어든 이유가 나라 경제만의 문제일까?

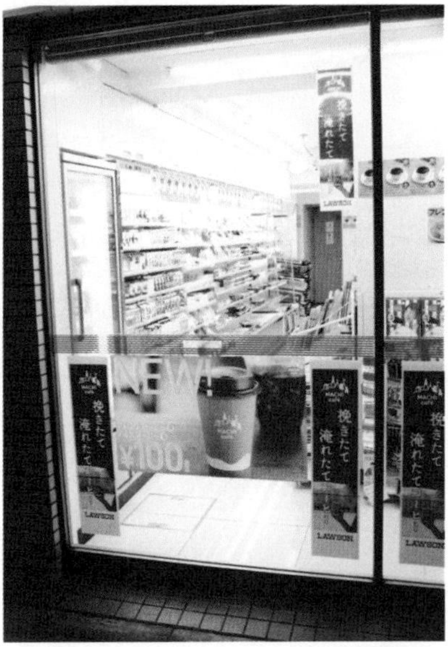

아침 7시나 되었을까? 이른 아침, 하토리가 호텔 로비에 와서 기다리고 있다며 호텔방으로 전화를 걸어왔다. 나는 아침 7시가 되자마자 요란하게 울리는 벨소리를 듣고 지난밤 알람을 맞춰두었나 싶어 애꿎은 스마트폰만

만지기를 수차례, 스마트폰 전원을 아예 꺼버려도 벨이 울리기에 그제야 전화벨 소리인 걸 알았다.

"어, 하토리. 왜?"

"일어났어? 나 호텔 로비에 있으니까 빨리 내려와. 기다릴게."

무슨 일인가 싶어 얼른 일어나 겉옷만 걸치고 내려갔다. 하토리는 로비에서 나를 발견하더니 이내 웃는 얼굴로 다가왔다. 세수도 제대로 못하고 일어나자마자 내려온 나는 양손으로 얼굴을 부비며 물었다.

"무슨 일인데? 왜 이렇게 일찍 왔어?"

"응? 밥 먹자고. 이 호텔 아침식사 맛있거든."

기가 막힐 노릇이었다. 밥 먹자고 일찍 와서 한창 자고 있는 사람을 깨우다니! 그것도 어제 일하느라 새벽녘에야 잠자리에 든 사람을. 새벽 2시가 훨씬 넘은 걸 보고 잠이 든 것 같으니 3시쯤 잠들었다고 하면 4시간 정도밖에 못 자고 일어난 셈이었다.

성공전략 ❶

들고 다닐 맛이 나는 디자인

"식사 다했어? 우리 커피는 나가서 먹자. 내가 살게."

하토리가 옆 의자에 걸쳐둔 외투를 집으며 나를 보고 말했다. 하토리가 말하는 커피란 '캡슐커피'다. 일본 내에 편의점에서 판매하는 커피인데 작은 컵 한 개에 100엔(1000원)이다. 시내 커피점에서 350엔이 일반적이고, 분위기 좋은 비싼 장소에서 파는 850엔짜리 커피에 비해 상당히 저렴한 커피라 그런지 편의점 이용객이 많은 일본에선 꽤 인기가 높은 축에 속했다. 물론 자판기에서 뽑아 먹는 커피는 120엔짜리도 많다.

도로변 편의점 벽에 커다랗게 붙은 〈100엔 커피 판매 중〉이라는 홍보문이 눈에 들어왔다. 유리벽을 통해 편의점 안에서 하토리가 캡슐커피를 들고 계산하는 모습을 지켜볼 수 있었다.

하토리는 호텔 바로 옆 편의점에 냉큼 들어가더니 100엔 커피를 들고 나왔다. 두 잔이었다. 주문대가 따로 있는 것도 아니고 자기가 들어가서 컵 두 개를 들고 뜨거운 물을 부어 뚜껑을 덮은 후, 편의점 계산대에서 계산하고 나오면 될 뿐이었다.

"맛있지? 전문 커피점에서 파는 커피나 이 커피나 별 차이를 모르겠어. 괜히 비싼 커피 마시는 사람들 보면 이해가 안되기도 하고, 안 그래?"

하토리는 의기양양한 표정이었다. 맛있는 커피를 먹는데 돈을 절약했다는 의미였다. 하토리가 건넨 캡슐커피를 들고 한 모금 마셨다.

캡슐커피, 이름이 다를 뿐이지 한국에도 없는 아이템은 아니었다. 편의점에서 파는 1000원짜리 커피 아이템이 있다. 하지만 일본에서 인기를 얻는 캡슐커피와 한국의 편의점에서 보는 커피의 다른 점은 디자인이다.

생각해보자. 커피 한잔은 양이 많다. 남자가 마시기에도 여자가 마시기에도 한 번에 마실 수 있는 양이 아니다. 어쩔 수 없이 들고 다녀야 한다. 그래서 커피를 들고 이동하는 사람들은 자기가 들고 다닐 컵 디자인을 고려하게 된다. 캡슐커피는 디자인적인 면에서도 들고 다니기 괜찮았다. 하토리는 내가 커피컵을 들고 이리저리 살펴보는 동안 어느새 자기 커피를 반쯤이나 마신 듯했다.

Tip

일본에 최초로 생긴 커피점은 1888년 도쿄 우에노上野에 생겼다. 17세기 후반에 프랑스 파리Paris에 생긴 카페를 본 따 만든 커피점이었는데 당구대까지 갖춘 사교 목적의 장소였다. 일본에 커피가 최초로 수입된 시점이 1877년이라고 하니 그로부터 11년이 지나 생긴 커피점이다.

성공전략 ❷

1.5에 집중하라

"캡슐커피는 1.5세대 상품이지?"

"1.5?"

"응. 여기를 1이라고 하고 저기를 2라고 할 때, 여기에서 저기까지 가는 과도기에 있는 것 말이야. 여기도 아니고 저기도 아닌 모든 것."

"말 되네."

"그래?"

"일본인들은 1.5를 좋아하거든. 일본인들이 준비성이 철저하다고 하는데 그게 1.5를 좋아한다는 증거야. 여기를 1, 저기를 2라고 한다면 일본인들은 그 과정에 대해 다 알려고 하거든. 세세하게 확인해보고 점검하고 경우의 수를 따지고 하는 게 모두 1.5를 알아가는 과정이랑 같잖아?"

하토리의 이야기를 들으며 1.5세대의 의미가 정리되는 느낌이었다. 여기도 알고 저기도 알 때, 여기와 저기 사이의 모든 것에 관해 알아가는 것 자체가 1.5라는 것. 기성세대가 만들어둔 삶의 방식대로 따라 살아가는 걸 거부하는 세대, 기성세대와 다르게 살아가려는 세대를 제대로 표현한 말이였다.

그래서 요즘엔 장사를 하려면 1.5에 집중해야 한다. 기존의 것이 아무것도 아닌 게 되어버린 상황이다. 사람들은 새로운 것을 찾기보다는 기존의 것을 부정하고 현실을 지켜보는데 더 치중한다. 사회생활을 한다고 반드시 자동차 운전면허를 취득해야 할 필요성을 느끼지 못하고, 해외여행을 나가야 할 필요성도 못 느낀다. 광고의 사망 시대라고도 부를 수 있다. 신문이나 방송, 잡지 등에 게재되는 광고는 사실이 아닐 수 있으며 '나한테 돈을 쓰라는 유혹'이라는 사실을 모르는 사람은 없다.

사람들이 1을 알고 2를 알기에 굳이 1부터 2까지 가려고 하지 않는다. 차라리 1부터 2까지 가는 과정을 모두 즐기고 관조하며 배우고 누리려고 하는 경향이 더 많아졌다.

한 끼에 6000원을 내고도 식사하던 사람들인데 나라 경제가 어렵고 지갑이 얇아졌으니 2500원짜리 컵밥만 먹어야겠다고 생각하는 게 아니라는 의미다. 지금도 대학가 주변엔 1500짜리 한 끼 식사도 많고, 종로에서 파는 3000원짜리 식사도 있다. 그리고 그런 식사들은 최근에 나라 경제가 어려워서 새롭게 생긴 메뉴가 아니라 짧게는 몇 년, 길게는 몇십 년 지속된 메뉴라는 점에 집중해야 한다. 사람들은 없던 걸 소비하는 게 아니라 익숙한 걸 소비할 뿐이다.

예를 들어, 결혼을 해야 할 필요성을 스스로 느끼지 않으면 아무리 나이가 들어도, 주위 사람들이 아무리 재촉해도 절대 서두르지 않는다. 직업을 가져야 하고, 아침 9시까지 회사에 출근하고 야근을 해야 할 필요성이 없다고 여긴다. 왜 그렇게 살아야 하느냐고 반문하고 스스로 가치를 두지 않으면 남의 이야기엔 절대 휘둘리지 않는다. 주변의 시선 때문이 아니라 자기만족에 따른 소비가 이루어지고 있다.

과거 젊은이들에게 시끄러운 음악과 무대가 있는 클럽이 필요했다면, 지금은 흥겨운 음악과 몸을 움직일 수 있는 넓은 공간만 있어도 된다는 뜻이다. 요즘은 춤을 추기 위해 반드시 클럽에 가야만 한다고 생각하지 않는다. 흥겨운 음악이 있고 춤을 출 공간만 있다면 무대가 없어도, 장소가 어디라도 춤을 즐길 수 있다고 여긴다.

최고의 커피 맛? 세계 7대 커피? 이런 순위는 무의미한 시대다. 고급스런 인테리어와 분위기가 있는 커피점에 가지 않아도 편의점에서 얼마든지 커피를 마실 수 있다고 여긴다. 예전 사람들이 'A라면 B여야 하지!'라고 여겼다면 요즘 사람들은 'A인데 왜 B여야만 하지?'라고 생각한다. 그리고 'A라고? 나는 C여도 되고 D여도 되는데?'라고 생각한다.

하숙집이나 1인 가구가 사는 원룸이 많은 동네에서 커피점을 한다고 하자. 커피점에는 혼자 오는 근처 이웃들이 많을 수밖에 없다. 이 경우 그 커피점을 어떻게 운영할까? 다른 곳처럼 적당하게 테이블을 배치하고, 구색을 맞추어 메뉴를 준비하면 될까?

이건 어떨까? 커피점 안에 커다란 냉장고를 두어 밑반찬을 넣어두고 손님들에게 팔아보면? 냉동실엔 랩으로 잘 싸둔 일회용 밥도 있다. 가스레인지에 데워 먹기만 하면 따뜻한 식사가 될 수 있다. 출퇴근이 자유로운 1인 비즈니스를 하거나, 취업을 준비하거나, 수험생인 사람들을 위해 그들의 시간을 절약해줄 수 있는 아이디어라면 무엇이든 좋다. 커피점을 1이라고 하고 근린생활 편의점이 2라고 할 때 커피점에서 편의점 상품을 소비할 수 있게 되면 그게 1.5상품이 된다.

요즘 사람들에겐 광고와 홍보가 전혀 먹히지 않는다. 이걸 하면 당신은 미래에 저렇게 될 수 있다는 식의 '가치'는 인정받지 못한다. 오로지 '실시간'만 존재할 뿐이다. 친구들끼리 나누는 실시간 정보를 통해 스스로 판단하고 결정한다. 톱스타가 광고 모델이 되어 'A가 좋아!'라고 해도 사람들은 '그래, 넌 그걸 좋아하렴. 난 다르거든!'이라고 말한다. 물론 가까운 친구가 실시간으로 SNS를 통해 'A가 요즘 뜬다! 진짜 재밌는데!'라고 해도 사람들은 직접 경험한 뒤에 '난 별론데!' 하거나 '나도 좋다!' 또는 '넌 좋아해라. 난 아니다'라고 할 뿐이다.

그래서 요즘 장사하기가 더 쉽다. 예전엔 많은 사람을 위한 장사를 했다면 요즘엔 단 한 사람을 위한 장사를 해도 된다. 그 단 한 사람이 장사를 하는 본인이어도 된다. 문제는 빨리 포기하지만 않으면 된다. 계속하다 보면 당신의 장사를 좋아하고 팬이 되어주는 사람들이 나타나기 시작한다. 1에서 2를 가려는 사람들이 당신의 가게를 보고 기꺼이 그 자리에 같이 머물러 줄 것이기 때문이다.

info

CAPSULE COFFEE

아침에 일어나는 사람은 지갑이 얇다

일본에 처음 여행 온 사람은 거리마다 늘어선 수많은 자판기에 놀라고, 일본인들에게 없어선 안될 편의점 수에 놀란다. 그래서 일본에 온 이상 자판기도 이용해보고 편의점도 한번쯤은 들어가 보기를 추천하는데, 이때 눈여겨봐야 할 아이템 하나가 캡슐커피다.

일본에서 사는 사람이라면 하루에 서너 번 이상은 꼭 방문하게 되는 편의점 덕분에 즐기는 커피 한잔의 기쁨이랄까? 160g 작은 컵 한 개에 100엔이면 그날 아침 갓 내린 드립커피를 맛볼 수 있다.

06

전통을 지킵니다

대전에 소문난 소보루빵, 안흥에서 소문난 찐빵, 전주에서 소문난 콩나물국밥, 그리고 비빔밥, 춘천에서 인기 높은 막국수와 닭갈비, 포항에 고래고기처럼 각 지역 별미이자 맛집으로 알려져 지역 특산물이 되어버린 가게들이 있다.

얼마 전 한국 땅에 운석이 대거 발견되었을 무렵엔 근처 식당에서 발 빠르게 내놓은 운석국수가 큰 인기를 얻기도 했다. 평범한 잔치국수에 메추리알을 넣어 그걸 보고 운석이라고 부르던 메뉴였는데, 운석을 찾으면 돈이 된다는 뉴스를 본 사람들이 그 지역에 몰리면서 많은 인기를 얻었다.

"난 사람들에게 새로운 메뉴를 알려주고 싶어. 나만 아는 거. 내가 개발

한 소스로 나 아니면 맛을 낼 수 없는 그런 메뉴를 팔 거야!"

요리학원에 다니면서 열심히 자격증을 따고 자기만의 요리 비법을 만들어 야심 차게 식당 문을 열었던 남자가 얼마 지나지 않아 문을 닫았다. '그 남자만의 메뉴'는 글자 그대로 '그 남자만 즐기는 메뉴'가 된 이유였다. 남들도 다 아는 유명한 메뉴를 팔 것인가? 자기만 아는 맛, 세상에 없던 그 맛을 나만의 메뉴로 팔 것인가 그것이 문제로다.

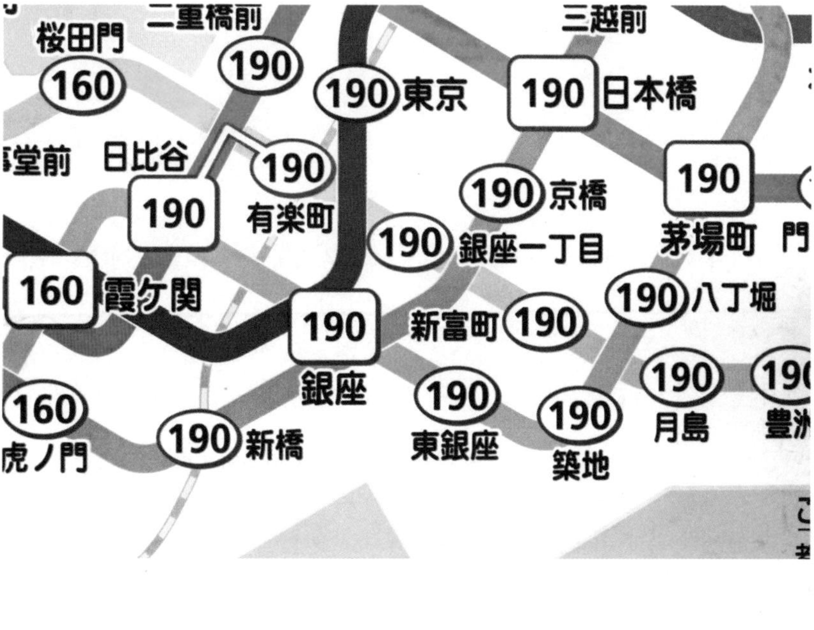

"아, 벌써 시간이! 유키코가 짜증내겠다."

오전 10시가 가까워질 무렵이었다. 나는 서둘러 도쿄메트로 긴자선 토라노몬역에서 록폰기역으로 향했다. 사실 어제 토라노몬역 인근에 있는 도쿄

지점 한국 은행에 들렀다가 깜빡 잊고 두고 온 물건이 있어서 그걸 되찾으러 다녀오는 길이었다.

유키코에게 전화가 온 것은 바로 어제.

"그럼 내일 록폰기역에서 만나요. 일본의 전통과자 맛을 알려드릴게요."

성공전략 ❶

세월의 흔적이 느껴지는 인테리어

마지막 전화통화를 한지 꽤 지난 것으로 기억하는 유키코는 창업을 한다고 했는데, 내게 아이템을 보여주고 의견을 들어보고 싶다고 했다. 수년째 거래하는 일본 기업의 임원으로 알고 지낸지 꽤 되었는데, 성실하고 비즈니스 감각도 갖고 있는 사람이란 걸 알았던 터라 내심 기대가 되기도 했다.

유키코와 만나기로 한 곳은 록폰기.

"오랜만이죠? 여기에요."

나와 유키코는 록폰기역 근처 편의점 앞에 섰다.

편의점이라니? 여기서 무슨 전통과자를 파는가 싶었는데 유키코는 편의점 옆 작은 가게 안으로 들어갔다. 겉에서는 우리나라의 즉석과자를 파는 곳 같아 보였다. 나무로 된 출입문을 여니 목재 진열대가 놓여 있어 편안하면서도 정겨웠다. 유키코는 앞장서 가게 안으로 들어갔다.

"저도 도쿄 인근 주택가에 일본 전통과자점을 열려고 해요."

"그렇군요. 그런데 유키코! 내가 문을 열어 주면 들어가야죠. 그래야 유키코가 훗날 나를 기억할 때 매너 있는 남자였다고 생각할 거 아니에요?"

유키코의 뒤를 따라 가게 안으로 들어서던 내가 말했다. 그러자 유키코가 고개를 돌려 나를 돌아보고 킥킥대며 웃었다. 자기가 그렇게 서둘렀는지 미처 생각하지 못했다는 표정이었다. 아마 유키코가 이곳에 올 때마다 자신도 모르게 들떴기 때문일 것이다. 내게 웃는 얼굴로 윙크를 살짝 건넨 유키코는 다시 가게 안에 진열된 과자들을 살펴보기 시작했다.

유키코가 가게 안에서 과자를 고르는 동안 나는 실내 분위기를 둘러보기로 했다. 유키코와 내 뒤를 이어 말쑥하게 차려입은 손님들이 들어오고 나가며 과자를 사가는 게 반복됐다.

유키코가 안내한 가게는 왠지 모르게 따뜻한 느낌이 났다. 수백 년 된 가구와 장인이 포스를 발산하는 '묵직한 내공'이 느껴진다기보다는 어릴 적 할아버지, 할머니 손가락 하나를 꼭 쥐고 과자 사달라고 조르며 따라오는 아이들의 기억 속에 남은 그런 가게였다.

천장에 매달아둔 조명은 옛날 조명이 아니었다. 하지만 출입문을 열고 들어오면 가게 오른쪽에 놓인 진열대는 몇 번의 수선과정을 거쳤는지 모를 정도였다. 시간의 흔적 위에 가게 주인이 윤기를 몇 번이나 덧칠하고 손질했으리라. 할아버지와 할머니가 손주에게 빵을 고르게 하고 뒤에서 묵묵히 웃으며 지켜보면 꼬맹이들이 진열대에 손을 얹고 기대어 빵을 고르는 모습이 그려질 정도였다.

그 외에 인테리어라면 가게 출입문과 마주 보는 곳에 자리 잡은 계산대와 그 너머 빵을 만드는 오븐이 보이는 게 전부였다. 이 가게가 일본의 전통과자를 만든지 오랜 세월이 흘렀다는 사실은 가게에 오는 손님들의 단정한 옷차림에서 느껴졌다. 그날 가게 오는 사람들은 대부분 어른이었지만 그들 표정은 과자를 먹을 생각에 들뜬 꼬맹이들의 눈빛과 닮아 있었다.

사람들의 옷차림이 말쑥한 이유는 마치 그들의 오래전 추억에 대한 예의를 갖추는 것 같다고 말하려던 순간이었다. 유키코가 과자를 다 골랐는지 카운터에서 계산을 마치고 돌아서며 나를 보고 환하게 웃었다. 그때였다. 내 눈에는 이 가게에 언젠가 할머니를 따라 과자를 사러온 새침한 꼬마숙녀의 미소가 보였다. 그 꼬마숙녀의 이름은 유키코였다.

"얼른 이거 먹으러 가요."

성공전략 ❷

추억의 상품은 홍보가 필요 없다

가게를 나와 근처 커피점으로 향했다. 모닝커피를 곁들여 브런치를 판매하는 곳으로 보였다. 유키코는 나를 데리고 커피점 안쪽으로 안내했다. 그리고 조금 전 들렀던 가게에서 사온 과자를 테이블 위에 펼쳤다.

방금 구워진 듯했다. 내가 보기에는 과자라기보다 빵이었다. 노릇하게 잘 구운 빵, 그 모양만 보더라도 고소한 맛과 식감이 전해지는 느낌이었다. 유키코가 테이블 위에 펼쳐진 빵(일본 전통과자)을 흐뭇하게 내려 보더니 다시 고개를 들고 말했다.

"계란을 듬뿍 넣어서 물엿하고 꿀을 넣어 반죽해서 만드는 거예요. 그리고 이 안엔 삶은 팥이 들어가기 때문에 더 달아요. 일본어로는 '도라야키'라고 부르는데요, 누가 제일 먼저 시작했는지 모르지만 도쿄엔 이런 가게들이 인기예요. 오랜 시간 동안 일본인들에게 사랑을 받는 가게들이죠."

"이름이 도라야키? 이름이 특이한데요? 원반 형태라서 그렇게 부른 건가요?"

"아! 거의 비슷해요."

유키코가 미처 설명하는 걸 깜빡 잊었다는 표정을 지으며 다시 말했다.

"청동 재질의 타악기를 '동라'라고 부르는데요, 그 모양이 원반 형태에요. 그걸 닮아서 그렇다고도 하는데 어떤 사람은 동라 위에 이 과자를 구워 만들었다고 해서 도라야키라고 부른다고도 해요."

유키코의 설명에서 '동라'란 악기는 한국에선 '징'이라고 부른다. '동라'를 일본어 발음으로 '도라'라고 부르는데 우리나라에선 농악에서 주로 볼 수 있는 전통 타악기다. '징'을 닮은 모양 때문에 '도라'라고 부르고 '굽다'는 의미로 '야키'를 붙여서 '도라야키'가 된 셈이었다.

"아하, 일본에서 전통적으로 꾸준히 사랑받는 아이템! 도라야키 가게를 하려는 이유인가요? 유키코! 하하. 실패한 확률도 거의 없고 일본인들이라면 누구나 아는 과자이기도 하고 그리고……."

"그리고?"

"유키코도 좋아하는 과자이고요! 맞죠?"

"네."

유키코가 웃었다. 유키코의 사업 아이템 선정이 탁월하다고 생각했다.

자기가 좋아하고 제일 잘할 수 있는, 즐기면서 행복하게 팔 수 있는 아이템이었다. 가게 규모에 상관없이 자기만의 맛으로 특색 있게 만들기만 하면 되는 아이템, 일본인들에게 널리 알려져 있어서 새로 나타난 제품이라고 홍보할 필요도 없는 아이템, 투자규모가 크지 않아도 되는 아이템이었다. 주택가 골목에서 시작해도 이웃들이 손님이 되고, 인터넷 쇼핑몰을 열면 가까운 거리 손님에게는 배달해 줄 수도 있다. 추억을 가진 일본인들이 일본 땅 모든 곳에 있어서다.

"그런데 유키코, 일본의 전통과자라면 도라야키 외에도 '단고(동그랗게 찹쌀반죽으로 만든 과자)'나 '킨츠바(안에 고물을 넣어 밀가루 반죽을 얇게 해서 만든 과자)' 같은 것도 있는데 도라야키를 선택한 이유는 뭔가요?"

"에도 시대 무렵부터 이런 과자들이 많이 생겼는데요, 저처럼 젊은 현대인들에게도 익숙한 걸 찾다보니 도라야키가 생각났어요. 그리고 대학시절에 친한 친구 중에 오사카 출신이 있었는데요 제가 도라야키 먹으로 가자고 여기 데려왔었는데 이걸 보더니 '아, 미카사!'라고 부르더라고요."

미카사는 일본의 간사이關西 지역 중에 한 곳인 '나라奈良'에 있는 유명한 공원 이름이다. 이 공원이 유명한 이유는 공원 안에 미카사야마三笠山라는 밤에 '달月'을 구경하기에 좋은 곳이 있는데 일본인들이 여기서 본 달이 마치 도라야키를 닮았다고 해서 붙여진 애칭이다.

그래서 미카사(또는 도라야키)는 전국적으로 지명도가 높고, 유키코도 쉽게 만들 수 있을 정도로 만드는 방법이 간단해서 주방장을 채용할 필요가 없다는 장점이 있다. 서양에선 팬케이크라고 부를 수도 있는 게, 도라야키를 만드는 방법이 팥고물을 넣어 팬케이크를 구우면 되기 때문이다. 갓 구워낸 게 맛있어서 일본 가정에서도 쉽게 만들어 먹을 수 있고, 만든지 시간이 조금 지나서 먹더라도 전자레인지나 토스트기에 살짝 데우면 맛있는 과자다.

나중에 들은 이야기지만 유키코는 도라야키 가게를 열기로 결정한 이후, 록폰기에 있는 가게뿐 아니라 우에노에 있는 가게, 다른 지역에 있는 가게에도 다 가서 먹어보고 꼼꼼히 기록해서 맛의 차이점이나 인테리어의 장단점 등을 기록해둔 상태였다. 일본인 특유의 꼼꼼함이 드러나는 부분이다.

성공전략 ❸

첫 손님에게 선물하는 서비스, 손님이 손님을 부른다

유키코는 록폰기에 있는 한 가게에 매일 아침 일찍 가장 먼저 가는 손님이 되었다고 했다. 매일매일 새로 구워내는 '도라야키'를 가장 처음 맛보기 위해서였다. 재료에 따라 맛이 달라질 수 있는지 알고 싶었고, 자신이 좋아하는 그 맛이 매일매일 일정한지 확인하고 싶었다고 했다.

그런데 유키코가 그 가게의 첫 손님이 된 이유는 따로 있었다. 유키코가 갈 때마다 가게에서 건네는 '하나 더' 전략 때문이었다는 게 아닌가? 첫 손님이 되면 맛있는 와가시를 하나 더 상으로 받을 수 있었는데, 가게에서 새로 준비하는 아이템을 주기도 하는 점이 유키코에겐 더없이 좋았다고 했다.

이른 아침 출근길에 가게에 들른 손님을 위해 가게 주인이 내놓는 선물은 하나를 사려다가 두 개를 얻는 행운이다. 1+1이기도 하지만 이걸 그냥 '하나 더 덤'으로만 받는다고 여기면 안 된다.

와가시는 앞서 말했다시피 일본인들이라면 누구나 아는 추억의 과자다. 그래서 하나를 사려다가 두 개가 생긴 사람은 반드시 자기가 아는 사람과 나누어 먹을 생각을 하게 될 게 아닌가? 가게 입장에선 손님 1명이 찾아왔지만 2명을 상대로 홍보하는 셈이다.

물론 가게 입장에서 볼 때, 하나 더 주더라도 손님이 나중에 혼자 먹어도 상관없다. 최소한 그 손님에게 가게를 두 번 알리는 기회가 되기 때문이다. 회사에서 한 개 먹고, 퇴근 후 스포츠센터에서 또 한 개 먹는다면 가게 홍보가 두 곳에서 되는 것이다.

유키코에게 '하나 더' 전략에 숨은 뜻을 말해주진 않았다. 유키코는 그 가게가 자신을 특별대우해 준다고 생각했기 때문이다. '거기에서 그게 아니라 넌 이용당하는 거야'라고 알려줄 필요는 없다. 가게의 전략대로 유키코가 행복을 느끼면 될 뿐이다.

그렇게 어느 정도 시간이 지나고 나서 나를 불러 만나자고 했는데 내가 느끼기에도 그 맛이 맛있는지, 일본에 이 정도 가게를 열려면 추천할 만한 지역이 어디가 좋을지 듣고 싶었다는 이야기를 꺼냈다.

'단순한 의욕'만 가지고는 망한다

사업할 때 필수 3요소가 '사람, 자본, 기술'인데 이 중에 하나라도 부족하거나 없으면 사업을 하면 안 된다. 여기서 자본이란 사업자금이 될 '돈'이고, '기술'이란 사업을 하려는 그 일이나 분야에 대한 충분한 '경험'을 말한다. 그리고 '사람'이란 사업을 하려는 분야에서 나를 도와줄 수 있는 '인맥'을 가리킨다. 이 3가지가 하나라도 없거나 부족하다면 사업을 해선 안 된다.

사업의 3요소를 갖췄다면 그 다음에는 '트렌드 파악', '경쟁업체 조사', '나만의 차별화'가 중요하다. 내가 알던 성공전략이나 트렌드가 과거의 것일 수 있다. 내가 모르는 경쟁업체가 나타나서 탁월한 상술로 시장을 장악해버릴 수도 있다. 사업도 경쟁이 필수이기에 나보다 강한 업체가 있다면 내 사업이 성장할 수 없다. 경쟁업체가 누구이고 그들과 맞서서 내가 이길 수 있는 차별화된 무기가 반드시 있어야만 한다.

또한 넓지만 얇은 지식만으로 장사를 시작해서는 안 된다. 가령, 일본인들이 자전거를 많이 탄다고 해서 자전거 장사를 하면 잘될 거라고 생각하면 실패할 확률이 더 높다. 일본인들이 자전거를 많이 타는 이유는 동네 곳곳을 연결할 정도로 지하철이 많아 집에서 지하철역까지 이동할 때 편하기 때문이다. 자전거를 좋아해서가 아니라 교통비를 아끼려고 타는 일본인들이라서 자전거가 고장 나도 쉽게 새로 사지 않고 고쳐서 쓰는 사람들이 많다.

사업을 할 때는 전체 국내 시장 규모가 500억 원을 넘어야 한다는 게 기준이다. 우리나라 사람들이 그 사업 아이템에 쓰는 돈이 연간 500억 원을 넘어야 한다는 이야기다. 그렇지 않으면 사업을 하면서도 성장하기 어렵고 돈을 벌 수도 없다.

사업 아이템은 나만의 것이 아닌, 누구나 알고 있는 익숙한 상품이 좋다. 그래야만 홍보비나 광고비, 영업비가 크게 필요하지 않다. 사람들은 자신에게 익숙한 상품을 산다. 새로운 제품이나 기존에 없던 상품이라면 그걸 사람들에게 알리고 돈을 내서 사서 쓰라고 홍보하는데 비용이 많이 들어간다.

창업한 사람들이 나중에 실패해서 늘어놓는 넋두리와 핑계에는 '남들이 하는데 잘되는 것 같아서'라거나 '내가 생각하기엔 꼭 될 것만 같아서', '믿을 만한 친구가 꼭 같이 하자고 해서'가 많다.

사업은 절대로 동업하는 게 아니며, 단돈 10원이라도 반드시 이익이 남아야만 하는 것이고, 앞에서 남는 것 같은데 뒤에서는 손해 보는 장사를 하면 절대 안 되는 점을 소홀히 여긴 까닭이다.

info

青野(AO NO)

첫 손님을 위한 특별 서비스

일본의 전통과자를 '화과자'라고 부른다. 일본의 전통이나 일본 스타일을 의미할 때 '화和'를 붙이는데 과자도 그렇다. 일본인들에겐 선물로 주고받는 의미가 있어서 화과자를 사러 오는 손님들은 항상 말쑥한 차림인 게 특징이다. 팥이 들어가거나 밤이 들어간 제품이 특히 인기다.

롭폰기에 들렀다면 로손 편의점 옆 화과자和菓子, 와가시 가게 아오노에서 일본 전통의 맛을 느껴보자. 하나 더 상을 받는 행운의 주인공이 되어 보는 것도 좋은 하루를 시작할 수 있는 선물이다.

07

쇼핑상가 옆 이면도로에 세워라

마음에 드는 가게를 얻으려고 하지 말고 손님이 찾아오고 싶은 가게를 만드는데 집중하자. 저렴하고 위치가 좋은 가게는 세상에 없다. 유동인구가 많거나 홍보가 잘된 곳은 사람들 생각이 모두 비슷하기 때문에 선점하여 이미 다 장사 중이다.

사람들이 몰리는 곳에 가게가 생긴다는 점을 기억하자. 주택가 인근 산책길에 사람들이 몰리면 그 시간대에 맞춰 노점이 생긴다. 과일도 팔고 우유도 팔며 빵도 판다. 그래서 '가게 입지'가 중요한 게 아니라 손님의 흐름을 만드는 것, 물길을 터주는 게 중요하다.

길 위에 가게를 만들 생각보다 가게 앞에 길을 낼 생각을 해야 한다. 사람들은 길이 있으면 온다. 문제는 가게 앞에 길이다. 당신의 가게에 손님이 별로 없는 건 위치가 안 좋아서가 아니다. 당신이 그 가게 앞에 길을 만들지 않아서다. 그 길은 아스팔트를 의미하는 것이 아니다. 손님이 당신 가게에 올 이유를 만들지 못했다는 의미다.

성공전략 ❶

불편함이 돈이 된다

골목상권이 있다면 그 안에 들어가기보다는 바로 옆 이면도로(또 다른 골목)를 공략한다. 임대료 면에서도 저렴하고 아이템이 중복되어도 유리한 점이 더 많다. 골목상권은 반드시 누군가 리드하는 사람이 있어서 장사하는데 알게 모르게 자유롭지 못한 부분이 있다. 나만의 가게를 만들고 내 방식대로 도전한다면 상권이 형성된 곳에 들어가지 말고, 바로 옆이나 근처 사람들이 이동하는 통로를 찾아서 가게를 만들자.

아이템은 될수록 골목상권 안에 있지 않은 것으로 고르는 게 유리하지만 전혀 다를 필요도 없다. 내가 자신 있는 아이템이면 된다. 다만 골목상권 안에 오는 사람들의 특성을 잘 파악해서 그들이 필요로 하는 아이템을 정해야 한다. 그들이 필요로 하는 아이템을 모르겠다면 그들이 '불편하게 여기는 부분'을 해결해주는 아이템이 무엇인지 생각해보라.

예를 들어, 반찬골목이라고 하자.

당신이 반찬골목 안에 들어가면 반찬만 팔아야 되지만 이면도로에 있다면 음료수와 밥을 팔거나, 식당을 차려도 된다. 반찬골목에 오는 사람들은 음식을 만들기 귀찮아하거나 시간이 없는 사람이다. 그들은 집에 가서 밥만 해놓고 반찬은 사서 먹으려는 사람이기도 하고 어떻게든 식사를 간단하고 빠르게 하려는 사람들이기도 하다. 이럴 때 당신이 식당을 해서 그들이 당신 가게에서 식사를 하고 가게 하거나, 밥 또는 음료수처럼 반찬과 어울리는 또 다른 아이템을 공략해서 그들이 당신 가게를 떠올리게 만들어야 한다.

사람들은 그들이 불편하고 귀찮다고 여기는 곳에 돈을 쓴다. 밥 짓기가 귀찮은 사람들을 위해 '햇반'이 나왔다. 요리하기 귀찮은 사람들을 위해 '반찬'이 나왔다. 식혜를 만들기 어려워하는 사람들에게 '식혜 음료수'를 판다. 쌀 씻기 귀찮은 사람들에게 '씻은 쌀'이 팔린다. 혼자 사는데 양배추 한 통 사서 먹기가 부담스러워 하니 '반쪽 양배추'가 팔린다. 오렌지 사서 갈아서 주스 만들어 먹기 귀찮은 사람들에게 '오렌지 주스'가 팔린다.

불편하니까 불편함을 없애려고 돈을 쓰는 건 '합리적인 경제관념'이라고 여긴다. 쌀 씻고 반찬 만드는데 시간도 오래 걸리고 직접 만들면 맛도 없는데 사서 먹으면 간단하고 시간도 절약하니까 그 시간에 내게 좀 더 유익한 일을 하겠다고 생각한다. 그리고 이렇게 돈을 쓰는 건 '나를 위한 선물'로 여긴다.

빨래하기 귀찮아서 세탁기가 나오고, 밥하면서 지켜보기 귀찮아서 전기밥솥이 나왔다. 손님들이 귀찮아하는 걸 돈으로 해결할 수 있는 아이템을 팔아라.

성공전략 ❷

부동산 중개인에게 잘 보여라

돈이 있다고 내가 원하는 장소에, 하고 싶은 아이템으로 장사를 할 수 있는 것이 아니다. 아는 동생이 일본에서 가게를 알아보는데, 돈을 주고 들어가서 장사를 한다고 해도 가게를 내주지 않는단다. 나는 직감적으로 뭔가 다른 사정이 있는 곳이란 느낌이 들었다. 동생이 말한 곳은 원래 상권이 아닌 주택가 골목이었다.

"무슨 가게를 차릴 건데?"

"생맥주집을 내려고 해."

"한식이나 양식도 가능하다면 다른 아이템을 찾아봐. 그리고 바꾼 아이템으로 다시 가게 주인에게 말해봐."

며칠 뒤, 동생에게 그 가게에 들어갈 수 있게 되었다고 전화가 왔다. 이야기를 들으며 짐작했던 부분이었다. 동생은 상권이 형성된 골목을 발견하고 거기서 장사가 잘될 만한 아이템으로 가게를 열려고 했지만, 갑자기 가게를 내주지 않겠다고 했는데 이 경우 원인은 딱 한 가지다.

건물주의 변심이 아니었다. 건물주가 의지하는 누군가의 입김이었다. 그게 누굴까? 그건 골목상권을 만들어서 건물주에게 돈을 벌어주는 사람이다. 애초에 그 자리는 주택가였기 때문에 변변한 가게도 없었고 규모가 큰 가게가 들어설 만한 공터가 없던 곳이었다. 그런데 그곳에 골목상권이 형성되고 사람들이 몰려들기 시작했다면, 분명 그건 누군가 상권을 만들려고 계획했고 실제로 만들었다는 얘기다.

건물주는 짭짤한 임대수입이 생기는데 어떤 가게가 들어온다고 해도 마다할 이유가 없는 사람이다. 그런데 거절을 했다면 그건 골목상권을 관리하는 누군가가 건물주에게 '그 가게는 안 된다'고 얘기한 게 분명했다. 그럼 그 누군가의 생각은 뭘까? 골목상권에 콘셉트를 정하고, 한 아이템에 가게 하나를 들어오게 해서 다양한 가게가 모인 상권을 만들려는 사람인 게 분명했다.

건물주에게 신임을 받는 사람으로 건물주가 의지하는 사람이라면?

골목상권 가게들이 많이 생길수록 좋은 사람이라면?

골목상권이 활성화되고 임대료가 치솟을수록 건물주 못지않게 돈을 더 많이 버는 사람은?

그건 그 동네에서 오래 살고 있는 부동산중개인일 게 분명했다. 중개업자가 경기가 나빠지고 부동산 거래가 뜸해지면서 수입이 줄어들자 골목상권을 활성화시켜서 중개수수료를 얻고자 한 거였다.

골목상권을 만들려면 가게터가 필요한데 마침 거주자우선 주차제가 시행되면서 도로변에도 주차를 할 수 있게 되었다. 그러면 부동산중개인은 건물주들과 만나면서 필요 없게 된 주차장 공간을 가게로 바꾸자고 설득했을 것이다. 골목 안에 있던 인근 주택들이 주차장을 하나둘 개조해서 가게로 만들었다.

처음에 부동산중개인은 낮은 임대료에 권리금도 없이 장사할 사람들을 불러모으기 시작했다. 그렇게 몇 달이 지나자 골목 안엔 다양한 가게들이 옹기종기 모여들었다. 인근 번화가에 왔다가 지나가면서 하나둘 가게들이 생기는 것을 보고 손님들도 기꺼이 가게에 들어갔다.

가게들이 생기고 나니 사람들이 모이기 시작한 것이다. 상권의 인기는 날로 높아졌다. 장사가 된다는 소문이 나면서 부동산 중개인의 계획이 현실이 되기 시작했다. 임대료가 오르고 권리금도 생기면서 당연히 중개수수료도 높아졌다. 초창기에 들어와서 장사하던 사람들이 나가더라도 골목에 들어와서 장사하겠다는 사람들이 줄을 섰다.

하지만 가게를 하겠다고 해서 무조건 허락하는 건 아니었다. 골목상권이 지속적으로 명맥을 유지하고 인기를 얻으려면 사람들을 불러모으는 그 무언가가 있어야 하는데 비슷한 아이템의 가게가 몰리면 그만큼 매력이 떨어지는 게 당연했다. 동생이 그 골목에서 생맥주 가게를 한다는 것 역시 중복된 콘셉트라는 점에서 허락되지 않았던 경우다.

성공전략 ❸

근처 또 다른 골목을 물색한다

이 가게를 보자. 골목상권으로 형성된 바로 옆 주택가로 통하는 골목에 자리 잡고 있다.

주택가에 인근 상점들이 모여 골목상권이 형성되었고, 나름 명칭까지 지어진 곳이다. 골목 안에는 슈퍼마켓과 의류점, 초밥 가게, 지압 가게, 기념품점 등이 있다. 골목 안에 오는 손님들은 인근 지역 주민들인데 이따금 근처 숙소에 머무는 외국인들도 들러서 찬거리나 기념품을 사간다.

이 골목은 통로가 하나로 처음부터 쭉 이어진 곳이 아니라, 가게 몇 개를 지나면 주택가로 들어갈 수 있는 더 작은 골목길이 이어져 있는 구조다. 맨션도 있고 평범한 단독가구나 다세대 가구들이 모인 지역이라서 주로 찬거리, 식료품을 찾는 손님이 많지만, 그 외에도 다양한 생활용품을 구할 수 있어서 가족 단위의 손님들도 많다.

골목상권이 형성된 곳이라면 반드시 들어가야 할까? 아니다. 바로 그 옆, 또 다른 골목에 미리 들어가서 진지를 만들고 있으면 그게 더 효율적이다. 골목상권은 확대되기 마련이다. 생각해보자. A골목에 다양한 가게들이 모여들면서 사람들이 많이 온다고 하자. 당신도 그들 중 한 명이라면 그 골목에서 즐거운 시간을 보내고 어디로 갈까?

골목상권의 장점은 아기자기한 색다른 콘셉트가 많다는 점인데 단점은 너무 짧다는 점이다. 8차선 대로변 수백 미터 나열된 가게들이 아니라 기껏해야 수십 미터 걸어가면 끝나는 주택가 골목이란 게 문제다. 그럼 어떻게 할까? 사람들은 '구경 다했다!'고 바로 빠져나갈까? 아니면 '이게 끝이야? 아니겠지! 뭔가 더 있을 거야!' 하면서 근처 다른 골목을 다녀보게 될까?

그들처럼 당신도 골목상권 주변 크고 작은 다른 길을 탐험하게 된다. 뭔가를 기대하며 돌아다니게 되는데 이때 골목상권 바로 옆 또 다른 도로에 다소곳하게 자리 잡은 가게를 발견한다면 그 만족도는 배가 된다.

"거봐! 내가 이럴 줄 알았어! 또 있다니깐!"

사진을 찍어 카카오스토리와 페이스북에 '내가 찾은 가게'라고 자랑하기 바쁘다.

그 가게가 당신 가게가 된다면 얼마나 좋은가?

골목상권 안에 있지 않아서 임대료나 보증금도 높지 않다. 골목상권 안에 다른 가게들과 아이템이 겹치면 장단점이 있는데, 장점은 손님들에게 제일 나중에 선택받는 가게가 되면서 매출이 더 많이 일어날 수 있다는 점이다.

'이거 여기서 사면 가지고 다녀야되서 번거로운데……. 아, 맞다! 가다가 골목 안에 이런 가게가 하나 또 있었지.'

그 골목에 오는 손님들은 대부분 인근 주택 거주자들이다. 차를 타고 오지 않고 걸어온다. 쇼핑한 것은 배달을 시키거나 직접 들고 간다. 당연히 그들의 집과 최대한 가까운 곳에 있는 가게에서 물건을 사려고 한다. 남자들보다는 여자들이 쇼핑을 하러 오고 무거운 것을 드는데 익숙하지 않아서다.

'집에 들어가려니까 출출한데, 뭐 좀 먹고 갈까?'

퇴근길 집에 오는 길 '딱 한잔'이 생각나는 남자들이 있다. 여자친구의 집까지 바래다준 남자는 아쉬워서 조금 더 시간을 보내고 들어가라고 붙든다. 찬거리 사서 집에서 해먹으려고 하니, 그것도 귀찮다. 식당이 있으면 그냥 한 끼 해결하고 들어가야지 하는 생각이 든다. 골목상권 바로 근처 가까운 또 다른 골목에서 가게를 하면 좋은 이유다.

info

이면도로 가게들

손님이 움직이는 곳마다 동행한다

일본에서 주택가 이면도로에 자리 잡은 아기자기한 가게들의 매력에 빠져 보자. 대부분 근처 골목상권 또는 대형 슈퍼가 있는 가까운 골목에서 장사를 하는데 그 아이템들을 보면 골목상가에 없거나, 대형수퍼에서 팔지 않는 상품을 취급하며 틈새를 공략하는 걸 알 수 있다. 이면도로에서 주택가쪽으로 난 길에 가게를 열기도 하고, 아예 바깥 차도쪽으로 문을 열고 영업하는 가게들도 있다. 장사를 하는데 있어서 큰 자본 없이 틈새장사를 할 수 있는 아이템들이다.

08

며칠 후 터지는 가게

가게 문을 열어야만 장사를 하는 게 아니다. 사람들 머릿속에서 기억되는 순간에도 영업을 해야 한다. 지나다니는 사람들이 가게를 보고, 주위에 사람들이 가게를 기억한다. 여름이 되면 휴가를 떠나는 사람들이 많으니 '나도 장사 좀 쉬고 휴가를 가겠다'고 생각하는 사람이 있다. 쉴 땐 쉬어야 되는 거 아니냐며 가게가 문을 닫을 때도 있어야 한다고 말한다.

과연 그럴까? 가게는 문을 여는 것 자체가 아니라, 사람들 머릿속에서 기억되어야 장사가 된다. 사람들이 기억하고 가게를 찾아오는 이치다. 사람들이 기억했을 때 가게 문은 항상 열려 있어야 한다. 그렇지 않으면 어느 순간부터 사람들은 그 가게를 기억하지 않게 된다. 당신 가게가 문을 닫아야 되는 순간이 왔음을 말한다.

아이템이 특별하지 않다고 걱정하지 말자. 가게에 손님이 오는 건 그 가게만의 메뉴가 있어서라기보다 그 가게가 문을 열었기 때문이다. 메뉴가 특별하지 않다면 또 다른 특별함으로 승부하자. 문 닫지 않는 가게란 이미지만 얻을 수 있어도 그게 특별함이 된다.

모처럼 들렀던 가게에 문이 닫혔다. 이럴 때 정말 낭패다. 거리도 가까운 게 아니어서 큰맘 먹고 왔는데 가게가 덜컥 휴일이라니! 그나마 혼자 왔기에 다행이다. 여럿이 왔으면 체면이 안 섰을 뻔했다.

"여름이라 손님도 없어요. 나도 가게 문 닫고 가족들이랑 계곡이나 바다로 휴가 좀 가려고요."

다카하시의 연락을 받은 것은 연일 최고 기온을 기록하며 푹푹 찌는 가마솥 더위가 기승을 부린 지난 여름이었다. 7월 말부터 8월 초 사이가 휴가철이라고 하는 이유는 그 기간에 가장 더워서인데 요즘 날씨를 보면 그것도 아닌 것 같다. 6월부터 무더위가 시작되어 9월까지 더위가 가시지 않는다.

다카하시는 손님들이 다 어디 갔는지, 며칠 가게에 손님 코빼기도 안 보인다며 이럴 바에야 고생하지 말고 휴가나 다녀올 생각이라고 말했다. 무더위에 가게에 나와서 에어컨 틀고 있는 것보다 차라리 쉬고 휴가를 가는 게 돈도 더 적게 들 것 같다는 얘기도 덧붙였다. 다카하시는 가게를 열기 전부터 내게 이런저런 조언을 들었던 까닭인지 가게를 쉬고 휴가를 가는 것까지 내게 허락을 받으려는 것 같았다.

"휴가 며칠 가는데?"

"2박 3일요."

"가게는?"

다카하시는 잠시 말을 멈추고 숨을 고르더니 말했다.

"가게 출입문에 〈휴가 중〉이라고 쓰려고요. 사실 뭐 올 손님도 없겠지만요."

"휴가를 간다는 건 알겠는데 이왕이면 〈휴가 중〉이라고 쓰지 않으면 좋겠어."

"네?"

다카하시는 내 말이 언뜻 이해가 안된 모양이었다. 휴가를 가는 건 좋은데 〈휴가 중〉이라고 쓰지 말라니? 나중에 다카하시가 휴가를 다녀와서 다시 만났을 때, 당시 〈휴가 중〉이라고 쓰지 말라는 내 얘기를 듣고 속으로 그럼 〈쉬는 중〉이라고 쓰라는 말인가? 별의별 생각이 다 들었다고 했다.

"가게 앞에 〈휴가 중〉이라고 썼어. 만약 다카하시가 휴가를 떠난 그 2박 3일 사이에 손님이 한 명이라도 왔다 가면 가게 사장이 휴가 간 걸 알게 되잖아?"

"네. 알게 되죠. 근데 그게 왜요?"

"그 손님이 휴가를 다녀왔으면 그나마 괜찮겠지만 휴가를 못 간 손님이라면 어떻겠어? 자기는 휴가도 못 갔는데 이 가게 주인은 휴가도 가네? 생각하겠지. 그러면 다음에라도 다카하시 가게에 또 오고 싶을까? 손님은 만에 하나라도 이런 생각을 할 수 있어. '나보다 여유가 있는 가게네? 이 가게에 돈을 쓰느니 다른 가게에 가는 게 낫지!'라고 말이야."

"아……."

다카하시는 그제야 내 이야기를 이해했다.

"그럼 어떻게 해요? 〈휴가 중〉이라고 하지 않으면 뭐라고 쓰죠?"

"계곡이나 유원지가 아니라면 가는 장소를 적고 〈출장 중〉 또는 〈직원 워크샵〉이라고 쓰면 어때? 아니면 약간 재미있게 〈○일부터 ○일까지 2박 3일 동안 손님을 더 잘 모시기 위한 연구 차 현지조사를 다녀오겠습니다〉라고 쓰던가."

다카하시는 내 이야기를 듣더니 말했다.

"에이, 그렇게까지 해야 해요? 어차피 다른 가게들도 여름엔 다 휴가 가는데 휴가 때는 〈휴가 중〉이라고 쓰잖아요. 그런 것까지 신경 쓰는 사람들은 없는 거 같은데요?"

"남들 하는 대로 하는 것보단 다카하시 가게가 뭐라도 하나 다르면 좋지. 그리고 〈휴가 중〉 이런 말도 손님 입장을 배려해서 써 붙여놓는다면 다카하시 가게에 대한 이미지가 확 달라질 거야. 손님들 입장은 어느 가게에 갔는데 〈휴가 중〉이라고 써 있으면 그 순간은 아니더라도 발걸음을 다른 곳으로 돌리면서 머릿속으로는 온갖 생각을 다 하거든."

"어떤 생각이요?"

다카하시가 물었다.

"저 가게도 휴가를 가는데 나는 뭔가?"

"아."

"에이, 근데 고작 2박 3일인데요, 뭐. 금요일날 가면 주말 쉬는 거랑 똑같지 않아요? 일주일도 아니고요."

"다카하시는 2박 3일 간 가게 문을 닫고 휴가를 갔지만, 만약 손님이 다카하시가 휴가 온 다음 날부터 3박 4일 휴가를 간다면 어때? 그럼 그 손님은 7일 동안은 다카하시 가게에 못 오는 건데도?"

"아, 진짜! 그러네."

직원들이랑 가족만 휴가를 보내고 다카하시는 아무래도 안 되겠다며 가게에 남겠다고 했다. 하지만 그럴 필요까진 없었다. 다카하시에게도 휴식은 필요했다. 나는 다카하시에게 가게 앞에 붙여둘 문구를 알려주고 휴가를 다녀오라고 했다.

"그럼 저 어떻게 해요? 휴가 가도 될까요?"

"다녀와. 괜찮겠지."

"가게는 어떻게 해요? 손님 오면요? 그냥 〈내부수리 중〉이라고 할까요?"

“아냐, 아냐. 다카하시가 복귀해서 가게를 다시 여는 시간을 00:00으로 맞춰둔 시계를 걸어두고 폭탄 그림을 하나 그려놔. 그 위에 〈터지기 전에 오겠습니다!〉라고 써두고. 72시간부터 시작해서 1초 단위로 시간이 점점 71시 59분 59초, 71시 59분 58초, 그런 식으로 시간이 점점 줄어들게 해. 그러면 손님들도 재미있어 할 거 같아. ‘진짜 시간 내에 올까?’ 궁금하잖아? 최소한 가게에 모처럼 왔는데 문이 닫혀 있다고 짜증내거나 그럴 것 같진 않아. 다카하시의 아이디어가 재미있다고 생각할 거야. 사실 손님 입장에선 ‘헛걸음’ 했다는 게 제일 짜증나는 건데 가게 앞에 그런 시계가 있으면 재미있잖아?”

“대박! 그거 좋네요. 알았어요! 그렇게 할게요.”

처음에 생각한 문구는 〈손님 속 터지기 전에 달려오겠습니다!〉였다. 그런데 그 문구보다는 시한폭탄처럼 줄어드는 시계가 있는 게 더 재미있을 것 같았다. 실제로 다카하시는 휴가를 마치고 돌아왔을 때 가게 문을 열자마자 손님들이 밀려들어서 깜짝 놀랐다고 전해왔다.

손님들이 가게에 왔다가 폭탄을 보고 돌아갔는데 진짜 시간 내에 왔는지 궁금해서 다시 보려고 왔다고 했다. 친구와 동료들까지 데리고 오면서 그들에겐 “야, 오늘 잘하면 터지는 가게 있다! 구경 가자”고 우스개를 나눴다고 했다.

다카하시의 휴가는 대성공이었다.

‘실제로 터지긴 터졌네. 손님들이 미어터졌어!’

다카하시의 전화를 끊고 든 생각이다. 사실 가게를 하면서 가장 큰 유혹은 '쉬고 싶다'는 유혹이다.

며칠 후, 다카하시에게 전화가 왔다.

"지금 머물고 계신 곳 인근에 지진이 일어났다는데 괜찮아요?"

"응, 괜찮아. 오늘 하루 종일 긴장되기는 했어."

그리고 저녁 무렵, 숙소로 오던 중 이타바시 근처 소바 도코로에 들렀다.

"식사 되나요?"

지진 때문에 놀란 가슴을 쓸어내리느라 배가 허했다. 숙소에 들어가기 전 국수라도 먹을 요량으로 가게 안으로 들어갔다.

'장사가 끝난 건가?'

사실 좀 걱정이 되기도 했다. 거리에 편의점이나 식당 가게들이 대부분 문 닫은 날이었다. 추가 지진 피해가 생길까봐 그런지 장사를 하는 가게들이 별로 없었다. 물론 도로에 사람들도 거의 다니지 않았다.

가게 안으로 들어서는데 주방집기가 한쪽에 잘 진열되어 있고 식당 가게 안엔 아무도 없었다. 한두 번 더 불러보다가 사람이 없으면 그냥 나가야겠다고 생각하던 차, 가게 안쪽에서 중년의 남자가 나왔다. 자신을 주방장 겸 사장이라고 소개했다.

성공전략 ❶

시간 차를 두고 메뉴판을 보게 하라

덮밥 하나를 주문하고 우선 생맥주를 시켜 목을 축였다. 흰 거품과 함께 맥주를 마시고 나니 그제야 속이 시원해졌다. 가게 안 풍경이 눈에 들어온 것도 그와 동시였다.

밖에서 보기엔 일본의 흔한 '심야식당(1인이 주방장 겸 사장으로 운영하는 가게)' 형태의 가게로 생각했었는데 안에 들어와서 보니 세로로 길어 꽤 넓은 가게였다. 출입문 바로 옆엔 자판기에서 쿠폰제 식권을 뽑을 수 있고, 그 맞은편 천장 모서리에 TV가 있었다. 자판기 옆에는 만화책과 잡지가 있어서 가게에 손님이 많을 경우 TV를 보거나 잡지를 보면서 기다릴 수 있게 배려한 듯했다.

TV 아래 작은 문이 화장실 출입구였다. 화장실 표지판은 한눈에 잘 띄지 않아 자세히 보거나 사장에게 미리 물어보지 않으면 화장실이 어디에 있는지 찾기 어려울 정도였다.

홀 중앙에 있는 테이블을 중심으로 한쪽은 주방이고 반대편은 손님들이 앉는 테이블이었는데, 테이블 위에 어른 손 한 뼘 정도의 높이로 칸막이가 되어 있었다. 그런데 손님 테이블에서만 볼 수 있는 오른쪽 벽면에 〈생맥주를 판매합니다〉라는 알림판이 있는 게 아닌가? 그러고 보니 식사류 메뉴는 주방쪽 벽면에 걸려 있었다.

'그렇구나! 식사를 먼저 주문하고 나서 TV나 잡지를 보다가 음식이 나오기 전에 생맥주를 맛볼 수 있도록 만들어둔 거였어! 메뉴판에 식사와 맥주가 같이 있으면 아무래도 가격이나 양이 부담될 수 있으니까. 시간 차를 두고 손님이 선택할 수 있게 한 거야. 흠, 좋은 생각인데?'

평범한 날이 아닌 그날, 지진의 공포 때문에 대부분의 사람들이 일찍 귀가한 시각에 가게 문을 열고 영업하던 사장의 마음이 궁금해지는 순간이었다. 전략적으로 메뉴판을 비치해둔 아이디어는 둘째였다. 뭔가 이 가게엔 남다른 철학이 있는 듯했다. 평범한 것처럼 보이는 덮밥 한 개를 먹더라도 가게 사장의 철학이 담겼다면 그 메뉴는 더없이 가치 있는 식사가 될 게 아닌가?

성공전략 ❷

언제든 문을 열어둔다

"오늘 같은 날은 일찍 귀가하셔서 가족분들과 지내시지 그러셨어요?"

덮밥을 건네준 사장을 보며 물었다. 그러자 사장이 미소를 띠며 대답했다.

"그러면 내 가게를 찾아준 손님들은 어디 가서 식사를 못하시잖아요? 지진이 있더라도 손님이 올 수 있는데 가게 문을 닫아버리면 손님을 헛걸음하게 만드는 무례를 저지르게 되지요."

"그래도 오늘 같은 날은 손님들도 이해해줄 것 같은데요? 저도 오늘 오면서 영업을 안 할 수도 있겠다고 생각했고요."

"아니죠. 손님에게 양해를 구한다면 그건 장사가 아니죠. 손님이 필요로 할 때 언제든 문을 열어두고 있어야 하는 게 장사죠. 덕분에 손님 같은 분이랑 이야기도 하고 얼마나 좋습니까?"

사실이었다. 나는 당시 속으로 사장의 이야기에 감탄하는 중이었다. 그 남자는 식당을 하면서 밥을 파는 게 아니라 경영 철학을 지키는 중이었다. 그리고 그 남자의 예감이 맞았다.

얼마 지나지 않아 내 뒤를 이어 사람들이 들어오기 시작했다. 가게 사장과 잘 아는 단골들인 듯했다. 오늘 같은 날 문 닫고 들어가서 쉬시지 그랬냐는 이야기를 하는 사람들은 한 명도 없었다. 그들의 이야기를 들어보니 가게에서 서비스업을 하는 사람들이 대부분이었다. 그들은 가게 문을 닫고 그 식당에 와서 식사를 하면서 TV를 보고 지진 피해를 걱정했다. 그들에겐 지진 때문에 하루 쉬어야 하는 특별한 날이 아니었다. 그들의 하루 중에서 지진이 일어난 하루였다.

성공전략 ③

휴가 중에도 영업하라

비가 오나 눈이 오나 가게 문은 열려 있어야 한다. 손님들은 쇼핑하고 싶을 때, 식사하고 싶을 때 가게에 온다. 그래서 가게는 장사하는 사람의 마음대로 열고 닫는 게 아니라 손님들이 원할 때 언제든 찾아올 수 있도록 항상 열려 있어야 한다.

'가게 주인은 휴가도 가지 말라는 건가? 장사는 잘 먹고 잘살자고 하는 건데 가게에만 매달려서 돈만 벌라는 건가?'

아니다. 가게 주인은 손님들의 휴가와 시기가 비슷해야 한다. 손님들이 가게에 오지 않을 때 휴가를 가야 한다. 가게에만 매달려서 허구한 날 장사만

하라는 이야기가 아니다. 하지만 가게 문을 여는 시간, 닫는 시간을 정했다면 반드시 지켜야만 한다는 뜻이다.

가게를 시작했다고 하자. 첫날부터 손님이 들이닥치는가? 2주 정도가 지나면 오픈발은 사라진다. 그때부터 어떻게 장사할 것인가 고민해야 한다.

사람들은 어떤 가게가 생겼다고 매일 오지 않는다. 그들이 오직 원할 때 오게 되는데, 여기서 그들이 필요할 때란 어떤 상황에 처했을 때 머릿속에 떠오르는 가게여야만 '아, 거기 가자!' 하고 찾아온다는 얘기다. 그러려면 사람들에게 기억나는 가게가 되어야 한다. 'A는 B가게'라는 공식이 사람들 머릿속에 각인되어 있어야 한다. 그렇게 되려면 무엇보다도 '항상 열려 있는 가게'가 되어야만 한다.

info

소바 도코로

집 밖에서도 집에 있는 것처럼

일본 이타바시역 출구 앞에는 가정식 메뉴를 판매하는 식당이 있다. 일본 대지진 당시에도 문을 열었을 정도로 사람들에게 신뢰를 받고 있는 가게, 공간은 작지만 신뢰의 크기는 작지 않은 곳이다.

계란과 몸에 좋은 각종 재료를 넣어 주방장 겸 사장이 이름을 붙인 스태미나 메뉴를 맛볼 수 있는 곳이기도 해서 일행들과 재미있는 식사를 하고 싶은 사람들이라면 추천한다.

09

좁은 가게의 큰 손님

가게가 좁고 볼품이 없어서 초대를 못하겠다? 요즘 회사도 어려워지고 해서 부업 삼아 가게를 열었는데 가진 돈이 적다보니 가게 면적도 좁고 아내와 둘이 하는 데라서 누구를 오라 마라 할 수가 없다. 돈 좀 벌고 나서 보란 듯이 큰 가게를 하게 되면 그때 친구도 오라고 하고 사람들도 불러 모아서 제대로 가게를 열 생각이라는 남자가 있다. 이 가게는 분명 얼마 지나지 않아 문 닫게 될 가능성이 크다.

왜 그럴까? 이 남자는 가게를 열기 전에 사회적으로 인정받는 안정된 직장생활했을 가능성이 많다. 그래서 가게를 열었어도 자기가 아는 사람을 오라고 하기가 창피하다.

이 사람이 착각하고 있는 것이 하나 있다. 세상에 작은 가게는 없다. 작은 사장만 있을 뿐이다. 가게가 작아서 장사를 못하는 게 아니다. 가게가 좁아서 돈을 못 버는 게 아니다.

가게에는 물건 하나 놓을 자리만 있어도 되고, 전화기 한 대 놓을 공간만 있어도 된다. 실제 장소가 아니라 인터넷이라는 가상 공간만 있어도 되는 게 요즘 가게다. 가게가 좁아서 자부심 갖고 장사하기 어렵다는 사람이라면 다시 생각해보자. 당신이 좁다고 생각하는 건 가게인가? 아니면 당신의 마음가짐인가?

“아키노리? 응, 이따가 우에노로 갈게.”

우에노역에 도착해서 박물관 출구를 찾고 있을 때 아키노리에게 전화가 걸려왔다. 이따가 저녁 7시에 모처럼 우에노에서 만나 아메요코 시장 안에 있는 뎃카돈부리鐵火丼를 먹자는 약속을 기억하느냐고 물었다. 아끼노리의 전화에 은근히 장난끼가 발동한 내가 대답했다.

"뜨거운 철판鐵火은 뭐 하러 먹으려고 그래? 혓바닥 괜찮겠어?"

내 말뜻을 알아챈 모양이었다.

수화기 저편에서 아끼노리가 낄낄거리며 웃는 소리가 들렸다. 그러면서 내가 약속을 기억하는 거 같으니 그럼 이따 보자는 얘기를 하며 전화를 끊었다.

'빨갛게 달궈진 쇠'를 뎃카鐵火라고 말하는데 일본인들이 좋아하는 참치회의 빨간 뱃살을 가리킬 때도 사용한다. 그래서 우에노 아메요코 시장에 있는 뎃카돈부리鐵火丼는 '참치회덮밥' 정도로 번역된다.

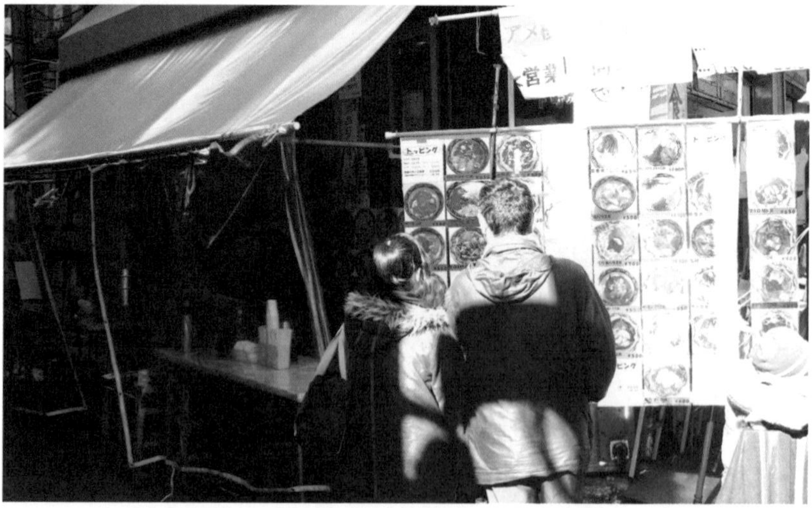

"여긴 올 때마다 느끼는 거지만 사람들이 진짜 많아."

우에노역에서 가까운 동경국립박물관에 들러 전시를 보고 나오니 아끼노리를 만나기로 한 시간이 되었다. 모처럼 만난 아끼노리는 여전히 싱그러운 미소를 지니고 있었다. 나를 보고 반갑게 인사를 한다.

'이렇게 보면 영락없는 미국인데 말이지.'

도쿄에 소재한 외국계 회사에 근무하는 아끼노리는 매너와 생활방식 등이 서양인과 비슷했다. 귀까지 내려오는 웨이브를 뒤로 넘긴 헤어스타일에 청바지와 셔츠를 즐겨 입고, 유창한 영어까지 자유롭게 구사하는 그는 일본계 미국인 또는 외국 생활을 오래한 일본인이라는 이미지를 주는데 부족함이 없었다. 하지만 매번 내 생각을 깨는 건 아까처럼 아끼노리가 약속을 번번이 재확인하는 모습이었다. 아끼노리는 전형적인 일본인이었다.

"앉아. 앉아. 자, 오늘은 뭐부터 시작할까나?"

아끼노리는 뎃카돈부리에 도착하자마자 메뉴판을 쳐다봤다. 아끼노리 옆에 앉은 나는 주위를 둘러보며 모처럼 다시 찾은 아메요코 시장의 분위기에 젖어들기 시작했다. 다른 가게들에 비해 유난히 손님이 많은 이곳은 해산물덮밥을 판매하는 가게다. 시장 골목 주위에는 터키 사람들이 케밥 등을 팔고 있었다. 한글로 된 메뉴도 보였다.

시장 골목 특성상 그것도 노변에 있다 보니 인테리어가 예쁘다거나 분위기가 근사하다는 느낌은 없었다. 단지 맛있는 메뉴를 저렴하게, 빨리 맛볼 수 있고 편하게 앉아서 언제든 즐길 수 있는 게 이점이었다. 손님 회전율은 말하지 않아도 무시무시한 속도였다. 주문하고 먹고 계산하고, 주문하고 먹고 계산하고가 빠른 시간 동안 반복되었다.

갈 길이 바쁜 사람들이 자신의 입맛에 맞는 메뉴를 즐기는 곳, 이 가게의 인기 원인은 역시 저렴한 가격이다. 덕분에 손님이 항상 많은데, 해물덮밥을 500엔에 맛볼 수 있다는 점이 한몫한 것 같다.

게다가 주문방식도 간단하다. 주문하고 가게점원이 번호표를 주면 그걸 받아들고 가게 안에 빈자리 아무데나 가서 앉아 기다리다가 음식이 나오면 먹는다. 다른 가게와 다를 바 없다. 그래서 아메요코 시장 안에 덴카돈부리 가게의 가장 큰 특징이라면 '시장에서 편하게, 빠르게, 저렴하게 맛보는 해물덮밥'이라고 할 수 있다.

여기서 파는 메뉴는 가게 한쪽 벽에 사진으로 되어 있어 일본인이나 외국인이라도 번호만 고르면 주문을 할 수 있다. 번잡한 시장 안에서 즐기는 음식치고는 나름 특색 있는 식당에 온 것 같은 느낌을 주는 이유는 무엇일까? 가게 주방 양옆으로는 폭이 좁은 테이블을 나란히 길게 붙여두고, 테이블 위엔 양념통, 젓가락, 냅킨을 두었을 뿐인데 말이다.

"나는 성게알 돈부리. 아끼노리는? 연어? 알았어."

주문을 하고 음식을 기다리는 동안 테이블 위에 양념통을 보는데 내 앞에 앉은 아끼노리는 모처럼 들른 아메요코 시장 분위기가 마음에 들었는지 연신 싱글벙글이다. 다른 손님들과 붙어 앉을 정도로 좁은 공간도 개의치 않는 표정이었다. 낯선 사람과 속 깊은 이야기하기를 꺼린다는 일본인 특유의 색도 없었다. 바로 옆 테이블에 앉은 여자 손님 두 명이 하는 이야기가 원하든 원하지 않든 간에 아끼노리와 내 귀에 들렸다.

가만히 앉아 음식을 기다리기 지루해졌는지 테이블 위에 놓인 물컵으로 장난치던 아끼노리가 갑자기 고개를 들고 나를 보며 물었다.

"한국에도 그거 뭐지? 비빔밥? 그런 음식 있지?"

"있지."

"여기처럼 덮밥이지? 그러고 보면 세상 어느 나라든 음식은 다 비슷한 거 같아. 오므라이스도 보면 밥 위에 계란프라이 얹은 거고, 그렇지?"

"그래도 각자 고유의 음식문화가 있으니까 전통과 공존하는 거라고 보는데? 한국 비빔밥은 덮밥이라고 볼 순 없지. 영양소를 골고루 섭취한다는 점에서 영양식이라고 보는 게 더 가깝지."

"밥과 반찬으로 그릇에 나눠서 식사해도 되는 거잖아? 어쨌든 요즘 일본인들은, 나도 그렇지만 스피드가 중요해. 식사할 때도 스마트폰을 봐야 하니까 이왕이면 간단한 식사를 찾게 된다니까. 양손 쓰는 거 말고 한 손만으로 식사하는 메뉴도 좋고. 밥 안 먹으면 배는 고프니까 뭐라도 먹고 다시 스마트폰 보는 거지, 뭐."

아끼노리가 웃었다. 아마도 자신의 부모 세대와 요즘 젊은 일본인들의 문화가 다르다는 생각을 하는 듯했다.

"한국에선 물에 밥을 말아 먹는다고 들었어. 맞아?"

"뜨거운 물에 말아서 먹기도 하고, 여름엔 찬물에도 말아서 먹기도 해. 여름철엔 찬물에 밥을 말아서 김치를 척척 얹어서 먹으면 진짜 맛있거든. 일본에도 있잖아?"

"오차즈케お茶漬け? 그래서 말하는 거야. 일본 음식을 떠올리는 사람들은 선입견이 있어. 음식을 여러 가지 모양의 예쁜 그릇에 담아 정갈한 테이블 위에서 식사하는 모습을 대부분 떠올리는데, 일본 음식 중에도 대충 먹는 것도 많거든. JR역 주변에 있는 마끄도나르도(맥도날드) 패스트푸드점에서 200엔도 안되는 아침식사 세트 메뉴가 잘 팔려. 햄버거 한 개에 콜라 한 잔. 그뿐인가? 국밥도 가격만 비싸지 않으면 어차피 스피드 메뉴라는 점에서 다를 바 없지. 안 그래? 일본 음식은 정갈하게 차려 먹는 게 아냐. 오차즈케라고 해봤자 덮밥처럼 연어나 새우 그런 거 밥 위에 올려두고, 밥그릇에 녹차 우린 물이랑 멸치육수 같은 거 넣어서 섞어 먹는 거거든. 한국에서 물 말아 먹는 밥이랑 뭐가 달라 똑같지."

아끼노리가 갑자기 입을 다물었다. 성게알 돈부리와 연어 돈부리가 앞에 놓인 것을 보는 순간이었다. 테이블 위에 놓인 음식을 본 아끼노리와 나는 식사를 먼저 하기로 했다. 누가 먼저랄 것도 없다. 젓가락만 사용하는 일본식 스타일로 식사를 하고나니 10분이나 채 지났을까? 더 추가해서 먹기엔 배가 부를 것 같고, 조금 적지 않은가 생각하기엔 적당한 양이었다.

덴카돈부리 가게에서 나온 우리는 자리를 옮기기로 했다. 2차는 도쿄메트로선을 타고 록폰기에 가면 좋겠다는 이야기를 하는 중이었다.

롯폰기에 자기가 새로 발견한 음식점이 있다는 아끼노리의 이야기에 흥미가 생겼다. 아끼노리는 내가 일본에서 여러 가게에 들러 문화트렌드를 경험하는 것을 좋아한다는 걸 잘 아는 친구였다.

성공전략 ❶

발 대신 왕주걱으로 서빙한다

록폰기역에서 내려 이쿠라 방면으로 걸어가던 중 얼마 안 가서 금방 다다른 곳이었다. 깔끔한 가게 외관을 보며 색다른 야키니쿠(소고기 구이집) 가게인가 생각했는데 가게 안으로 들어가 보니, 이게 무슨 일? 야키니쿠 가게인 것은 맞는데 주방과 손님 테이블이 하나의 테이블로 연결되어 있는 구조가 아닌가? 손님들이 주방에 들어와서 식사하는 느낌이기도 하고, 주방장들이 손님 테이블에 와서 요리해주는 느낌이 들기도 했다.

"재미있지? 내가 좋아할 줄 알았어. 얼른 앉자."

아끼노리는 메뉴를 보며 야채 종류와 고기류, 그리고 해산물을 주문했다. 그러자 주문과 동시에 앞에 앉은 주방장(직원)이 우리 눈앞에서 재료를 하나씩 직접 골라가며 굽기 시작했다.

츠츠측.

주방장의 손동작에 따라 재료가 익어가는 소리가 나며 식감과 후각, 청각을 자극했다. 야채는 살짝 구웠고 해산물과 고기를 제대로 익을 때까지 두었다. 내가 아끼노리와 술 한잔을 하는 동안 바로 눈앞에서 음식이 익어가는 모습을 보는 것도 색다른 즐거움이었다. '재료를 구워 술안주로 먹는다'는 기본 콘셉트는 여느 다른 가게들과 다른 점이 없었다.

'이곳에선 왜 뭔가 색다른 느낌을 받는 걸까? 주방장이 있고 없고의 차이일까?'

여러 생각이 스쳤다.

"시샤모 구이 나왔습니다."

가게 안을 둘러보며 좁은 장소임에도 최대한 손님들을 많이 받을 수 있는 공간 배치 아이디어가 좋다는 생각을 할 즈음, 주방장으로 보이는 남자 옆에 정말 긴 주걱을 발견했다. 저것은 뭐에 쓰는 물건인고? 생각할 겨를도 없었다. 그저 인테리어용이겠거니 생각했다. 그도 그럴 것이, 가게 안에 들어서서 몇 발자국 걷지 않아 자리를 잡고 앉은 곳이 주방장 앞이었다. 주방장과 손님 사이엔 다양한 식재료가 있고 팔뚝길이의 테이블만 있는 게 전부였지만 말이다.

다리 편하게 뻗고 앉아 술잔을 주거니 받거니 할 만한 공간도 없었다. 요리하는 요리사들이 머물 주방도 없었다. 가게라고는 그저 출입문 그리고 그 안에 공간 하나. 그 공간 안에서 손님과 주방장, 식재료들과 재료들을 익히는 불이 모두 어우러져 있었다. 지나치게 효율적인 공간이라고 생각될 정도로 간단하면서도 심플한 가게였다.

그리고 잠시 후, 아끼노리와 내가 앉은 자리 앞에서 재료를 굽던 주방장이 '음식 나왔습니다'라는 말을 하는 순간 내 눈앞으로 커다란 주걱이 다가왔다. 주방장이 방금 구운 음식을 주걱 위에 얹어 손님 앞에 내민 것이다.

'이걸 어쩌라고?'

아끼노리가 그릇을 들어 주걱 옆에 가까이 대며 주방장에게 음식을 내려놓아도 된다고 고개를 끄덕였다. 아끼노리는 젓가락으로 주걱 위에 놓인 음식을 집어 자신의 그릇 안에 내려놓았다. 그리고 주방장이 다시 두 번째 음식을 주걱 위에 올려 주걱을 내게 내밀자 젓가락으로 주걱 위에 놓인 음식을 집어 내 그릇 안에 놓는 게 아닌가? 이 가게만의 특색이었다.

- 주방장이 손님에게 직접 서빙하기
- 서빙은 주걱으로 하기

성공전략 ❷

신선한 재료와 스피드로 승부한다

테이블을 놓기엔 좁은 공간에서 하나의 테이블만으로도 여러 손님들과 재미있게, 가게만의 특색을 살린 아이디어가 놀라웠다. 아끼노리는 나를 향해 내 그릇에 담긴 음식을 바라보면서 눈을 찡긋했다. 맛을 보라는 표시였다. 그릇에 담긴 음식을 집어 입에 넣는 동안 내 코끝을 자극하는 신선한 향취가 느껴졌다. 입속에 들어가서도 식감이 제법 훌륭했다.

재료를 골라서 굽고 손님에게 내오기까지 이보다 더 빠른 순 없었다. 요리가 되자마자 즉석에서 맛보는 식감이 최고였다. 이를 테면 이런 식이었다. 어떤 가게든 손님들은 재료가 신선한지, 주방장이 직접 만드는 것인지 매우 궁금해한다. 그런데 이 가게에선 손님이 모든 걸 자신의 눈앞에서 직접 확인할 수 있다.

이 가게에 오는 손님들은 최소한 재료에 대한 불신이나 주방장이 요리를 하는지 안 하는지에 대한 걱정은 없었다. 아무리 의심이 많은 일본인이더라도 이 가게에선 모든 의심을 내려놓을 수 있었다. 일본인 특유의 습성으로, 좀체 드러내며 말하지 않는 어떤 일에 대한 의심마저도 사라지게 해주는 철저하고도 완벽한 서비스였다.

단연 최고는 주걱 하나로 해결된 발빠른 서빙이었다. 어떤 음식이든 요리가 되는 그 순간 먹는 게 가장 맛있는 법이다. 요리를 해서 그릇에 담으면 그릇에 빼앗기는 열이 요리의 맛을 줄어들게 하고, 주방에서 손님 테이블까지 내오는 순간에도 한 김 식어버려 맛이 덜해진다. 손님이 주문한 요리를 먹을 때 그 요리의 진짜 맛을 모를 수밖에 없는 것이다.

요리가 가장 맛있는 순간, 요리된 직후의 식사. 고기의 육즙이 그대로인 상태에서, 야채의 아삭함이 공기 중으로 사라지지 않은 상태에서, 해산물의 신선함이 사라지지 않은 상태에서 요리와 동시에 맛을 보는 서비스였다.

"스피드. 맞지?"

아끼노리의 이야기에 나는 고개를 끄덕일 수밖에 없었다. 세계에서 가장 빠른 서빙이 아닐까? 이 가게는 도쿄에 두 곳 그리고 뉴욕에 한 곳 지점을 두고 있을 뿐, 여러 곳에 가게를 두고 프랜차이즈식으로 영업을 하는 곳도 아니었다. 손님들에게 이런 서비스를 하는 방식이라면 충분히 이해할 수 있었다. 여러 곳에 가게를 두고 영업하면 안되는 이유가 있다.

생각해보자. 이런 서비스를 즐기러 오는 손님들은 요리에 대해, 음식 맛에 대해 제대로 꿰뚫고 있는 사람들이다. 음식재료를 볼 줄 아는 눈을 가졌고 음식의 맛을 구분해낼 줄 아는 사람들일 게 분명했다.

그래서 이 가게처럼 '최고의 맛을 바로 서빙한다'는 콘셉트라면 가게가 많을 수가 없었다. 최고의 맛이 여러 곳에 분산될 수가 없어서다. 최고의 맛을 내는 재료가 여러 가게로 배달될 수 없어서다. 여러 가게에 배달되는 재료라면 이미 그건 최고의 신선한 재료가 아니다. 진정으로 그 아이디어와 서비스 콘셉트에 대해 박수받을 만한 곳이었다.

가게가 좁다고 상품의 품질이 작은 게 아니다

흔히 생각하기를 '돈을 많이 벌려면 가게 평수가 넓어야 한다'고 생각하는 경향이 있다. 과연 그런가? 아니다. 가게가 넓으면 장소가 좁은 가게에 비해 그만큼 상대적으로도 고정비용이 많이 필요하다. 직원들도 많아야 하고 유지비도 많이 필요하다. 매출을 많이 올리기 위해 미리 준비해두어야 할 재료도 많아진다. 그런데 장사가 매일 잘되는가? 아니다.

가게가 좁으면 '돈을 조금밖에 벌 수 없다'는 착각을 빨리 버려야 한다. 식당이라면 맛만 좋으면 된다. 손님들은 가게가 좁으면 좁은 대로 인원수를 알아서 맞춰서 오고, 이 가게는 어떤 가게라는 이미지를 스스로 만들어 자신이 이 가게에 초대하고 싶은 사람만 선택적으로 데려오게 된다. 넓은 가게를 얻어놓고 손님이 안 와서 고민하는 것보다는 좁은 가게에서 손님들이 많아서 회전율이 높은 게 더 남는 장사다.

info

INAKAYA(田舍屋)

요리가 가장 맛있는 순간

일본어 '이나카田舍'는 '시골'이란 뜻이다. 여기에 '방, 가게'라는 의미로 '야屋'를 붙인 상호를 사용하는 정겨운 가게다. 진짜 일본 스타일의 분위기를 느껴보고 싶을 때 들를 만한 곳이다. 록폰기 5-3-4 레느빌딩 1층에 있으며 일본식 푸짐한 로바다야끼를 즐길 수 있는 곳이다. 록폰기 사거리(교차점)에서 이쿠라 방면으로 오다가 첫 번째 신호(로아 빌딩 앞)에서 우회전, 맞은편에 하드락 카페가 있고 오른쪽 옆에 주차장이 있는 첫 번째 골목에 들어오면 우측에 있다.

식재료를 손님 앞에 진열해두고 그 뒤에 앉은 주방장이 손님 앞에서 요리해주는데, 손님까지 거리가 가까워 주방장이 갖고 있는 긴 주걱(나무 판)에 요리를 얹어 서빙하는게 특징이다. 피자를 구울 때 사용하는 삽 비슷하게 생긴 주걱이다. 이 가게의 인기 메뉴는 바다의 귀부인이라고 불릴 정도로 화려한 색을 가진 금색 눈의 '돔 생선구이'다.

이곳에서 맛볼 수 있는 야채구이는 700~900엔대, 생선류 중에는 시샤모구이, 가리비(호타테)구이, 소라 단지(사자에 쯔보), 하마구리(대합), 꽁치(산마) 소금(시오)구이 등이 2000엔대인데, 참새우 소금(쿠루마에비 시오)구이와 왕게(타라바가니)구이, 방어(부리)는 4000엔대, 털게(모가니)가 13,000엔 정도의 가격대로 높은 편이다. 1인당 2개를 주는 가정식 고기전꼬치 및 닭꼬치는 1100엔 정도다.

10

원산지를 만듭니다

완도 김, 통영 굴, 무안 낙지, 횡성 한우, 벌교 꼬막, 금산 인삼, 나주 배, 제주 귤처럼 원산지를 믿고 소비하는 아이템들이 있다. 똑같은 김이고 굴이며, 한우라도 본고장산이라면 소비자에게 더욱 신뢰를 준다. 식재료뿐만 아니라 특정한 메뉴도 본고장이 있다. 한국의 김치와 불고기, 일본의 라멘, 중국의 북경 오리, 홍콩의 에그타르트 식인데, 여기에 누가 뭐라고 해도 본고장 메뉴를 최고로 치는 것이 있으니 바로 이탈리아 피자다.

"피자는 한국에도 많은데요? 굳이 이탈리아 피자라고 해서 다를 것도 없던데요?"

가게는 손님의 머릿속에서 장사해야 한다.

손님의 생각에 유일무이한 장점이 있어야만 다른 가게들과의 경쟁에서 이긴다. 피자 가게를 예로 들어 보자. 이탈리아 정통 피자 가게가 있고 일본 내에서 자체 브랜드로 내세우는 피자 가게가 있다고 하자. 당신이라면 어느 피자 가게를 갈까? 가게 인테리어와 분위기, 손님들 대다수도 이탈리아 사람들이고, 글자 그대로 문앞에 들어서는 순간 이탈리아에서 왔다고 착각할 정도의 가게라면?

당신의 가게가 피자 가게라서 망한 게 아니다. 당신의 가게에 이탈리아가 없어서 경쟁에서 뒤쳐졌을 뿐이다. 마찬가지로 당신의 치킨 가게가 망한 이유는 따로 있다. 사람들이 흔하게 볼 수 있는 치킨가게여서 망했다. 당신의 치킨 가게에 본고장 이미지를 넣을 수 있는 소스라던가, 독특한 튀김가루 혹은 그 무엇인가가 빠졌기 때문이다. 손님들이 당신의 가게에서만 느낄 수 있는 그 무언가가 없었을 뿐이다.

성공전략 ❶

현지 분위기를 내라

아자부주반역에서 빠져나오면 눈앞에 산적한 자전거가 나오는데, 그 옆을 가로질러 중심도로로 나오면 일본 속 유럽을 마주하게 된다. 한적한 아침 여유를 즐기는 단란한 가족이 등장하거나 이름 모를 유럽산 애완동물들이 각자의 자태를 뽐내며 활보하는 모습, 포르쉐 또는 벤틀리 등의 명차들이 나란히 줄지어 주차된 모습도 쉽게 발견할 수 있는 곳이다.

그리고 아자부주반에는 세계 각국에서 일본에 온 외교관들이 머무는 주택이 모여 있는데, 그래서인지 이곳에서 자주 마주치는 사람들은 일본인보다 외국인이 더 많다. 그야말로 서구화된 일본의 모습을 단박에 확인할 수 있는 동네인 셈이다.

거리를 걷다가 마음에 드는 카페에 앉으면 거기가 유럽이 되는 이상한 동네다. 그날 내가 간 곳은 독일에 어느 브랜드 자동차 대리점 바로 옆 카페였는데 1150엔을 내면 커피와 빵, 그리고 스크램블 에그, 해물샐러드, 크림 스파게티를 준다. 아자부주반에서 내가 좋아하는 곳이다.

이곳 말고 또 다른 곳은 정통 이탈리안 피자를 맛볼 수 있는 곳인데, 꽤 여러 해 동안 도쿄에 들른 사람들에게 빼놓지 말고 들러보기를 추천했다.

영희 누나가 말했다.

"커피 마셨으면 조금 산책하고 이따가 이탈리안 피자 가게 사보이에 가자. 너도 좋지?"

일요일 아침, 늦잠의 유혹을 뿌리치고 나오게 된 것은 이탈리안 피자 가게에 가고 싶은 마음 때문이었다. 피자가 무슨 대수냐고 달콤한 잠까지 포기하느냐 말한다면 그건 이곳의 매력을 몰라서 하는 말이다.

성공전략 ❷

손님의 고민을 덜어주는 최소한의 메뉴

'마리나라marinara' 피자와 마리나라 피자에 모짜렐라 치즈를 더 얹은 '마르게리타margherita' 피자 딱 두 종류만 파는 이곳은 10석도 안되는 테이블(좌석)을 둔 맛집 사보이SAVOY다. 외국인들이 항시 줄 서 있어서 운 좋은 날이 아니라면 여간해선 기다리지 않고 바로 들어가서 식사를 할 수 없다. 오죽했으면 가게에선 기다리는 손님들을 위한 테이크아웃take-out 서비스를 하고 있으니까 말이다. 기다리지 말고 가져가서 먹으라는 말 아닐까?

메뉴는 딱 두 개.

일본 내에서도 외국생활 좀 해봤다는 사람들이 모여 산다는 아자부주반. 이 동네에서 허투루 이탈리아 피자라고 내세웠다간 정통맛을 아는 손님들에게 클레임이 들어올 게 뻔한 동네. 거기에 문을 연 이탈리아 피자 가게. 대충 이 정도만 생각해도 왠지 그 피자 맛을 보기도 전부터 이 피자 가게에선 뭔가 정통의 향기가 스멀스멀 난다.

오븐에 굽는 피자가 아니라 화덕에 굽는 피자이기에 기름기가 적고, 재료와 만드는 방식이 이탈리아 정통 그대로 만든다는 게 전부라지만, 이 피자 가게에는 일본인과 외국인들의 발길이 끊이질 않는다. 누가 보더라도 동네 분위기상 이탈리아 피자 가게라고 인정받을 만한 가게였다. 일본 내 유럽풍 거리인 아자부주반에서 맛보는 이탈리아 정통 피자 가게가 이곳의 이미지다.

성공전략 ③

착한 가격과 테이크 아웃 환영

게다가 가격도 착하다. 평일에 직장인들을 위한 점심 메뉴는 음료수와 샐러드를 포함해서 피자 한 개에 1000엔이면 된다. 근처 레스토랑에서 판매하는 한식 메뉴는 어마어마한 가격을 자랑하니 말이다. 한국의 간장종지보다 조금 더 큰 접시 분량에 거금 600엔을 받으니 말 다한 것 아닌가?

피자 가게에 들어오면 밖에서 보는 이탈리아 느낌의 외관 건물에 비해 안에서 직접 맞닥뜨리게 되는 공간이 생각보다 협소하다는 사실에 놀란다. 하지만 테이블 사이에 자리를 잡고 앉아서 바로 앞 화덕에서 구워주는 피자를 맛보면 오기를 잘했다는 생각이 절로 든다. 공간이 작은 점도 단점보다는 장점이 된다. 제대로 이탈리아 정서를 느끼게 해준다는 점이랄까? 그런데 이탈리아 피자를 구워주는 직원들이 일본인 남자인 점은 여전히 아쉽다.

이탈리아 피자 made by Japanese in Japan.

일본에서 일본인이 만드는 이탈리아 피자인 셈이다. 마침 피자가 나왔다.

"우아! 진짜 맛있겠다. 잘 먹겠습니다."

일본에서 오리지널 피자를 먹다보니 '원산지'라는 단어가 곧 사라질 것처럼 느껴졌다. 굳이 어느 나라에서 만들었다고 할 수 없을 정도로 이 나라의 기술과 저 나라의 사람들, 제품들이 퓨전되는 중 아닌가? 일본에서도 오리지널 역사와 가치를 지닌 정통 브랜드가 사라지는 상황, made in japan 라벨을 한정해서 붙이겠다는 정책까지 내놓아야 하는 현실이었다.

"잘 먹었습니다."

아자부주반에 있는 정통 이탈리아 피자 가게를 나온 시각은 오후 2시쯤이었다. 영희 누나는 월요일 아침 출근해서 프리젠테이션 발표할 게 있다고 미리 준비해야 한다며 회사로 돌아갔다. 아자부주반 거리에 밀집한 유럽풍 건물과 각종 가게들을 뒤로하고 나도 서둘러 지하철을 타기 위해 발걸음을 옮겼다.

원산지를 강조하라

〈한국산 100%〉라는 홍보문구를 사용해보자. 식당일 경우엔 각종 음식 재료부터 주방장, 가게 사장, 일하는 직원들 모두 한국인만 채용해서 서비스하면 다른 가게와 차별화가 된다. '중국 교포들이 식당 서빙을 하지 않으면 우리나라 요식업이 살아남기 힘들다'는 요즘 상황에서 귀에 확 들어오는 아이디어다.

예를 들어, 식당에 들어갔을 때를 떠올려 보자.

- 한국산 의류를 입은 한국인 직원
- 한국제 테이블, 주방도구, 집기
- 김치와 육류 등 모든 재료 국산
- 메뉴판은 100% 한글

어떤 느낌이 드는가? 외국인 친구들을 데려오고 싶고, 외국 거래처 사람들에게 소개해주고 싶지 않은가? 가족끼리 나들이에도 부모님의 입맛에 맞는 재료와 메뉴에 안심할 수 있다.

패션샵이나 헤어샵, 치킨 가게, 슈퍼마켓, 휴대폰대리점, 전자제품판매점 등도 마찬가지다. 제품의 특성상 원산지를 한국산으로 고집하기 어려운 경우엔 '한국산'임을 홍보해보자.

'모태 한국인 사장이 운영하는 갤럭시 대리점'

'오리지널 한국인 직원들이 서비스하는 국산닭 치킨집'

'한국인이 엄선한 패션스타일 샵'

'한국인에게 어울리는 헤어스타일을 연출하는 한국인 헤어디자이너'

'한국인 체질을 잘 아는 한국인이 운영하는 슈퍼마켓'

원산지가 사라진 시대에 원산지를 불안해하는 소비자들에게 드러내놓고 홍보하는 전략이 필요하다. 그렇다고 잠깐 쓰다가 사라지는 '애국심 마케팅' 차원이 아니다. 소비자의 불안을 잠재우고 좋은 제품과 서비스로 승부해야 하는 차원에서 장사 전략을 '원산지'에 집중하는 콘셉트를 말한다.

사보이

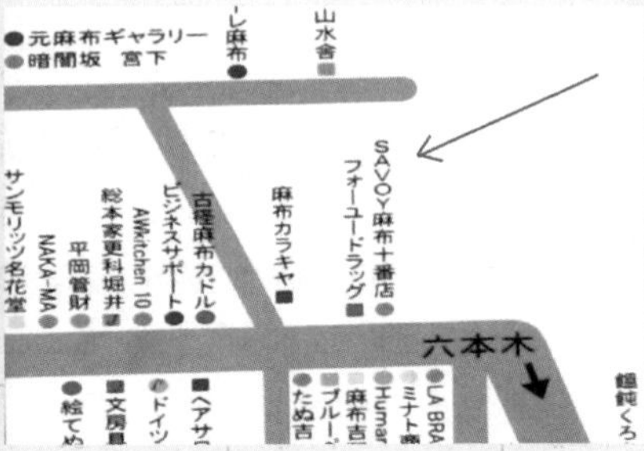

일본에 상륙한 이탈리아 정통 피자

일본 도쿄 아자부주반역에 내려서 록폰기 방향으로 걷다 보면 유럽풍 거리 골목이 끝나는 지점에 이르러 굉장히 높은 건물이 보인다. 그 앞에 크기를 비교했을 때 다소 작아 보이는 피자 가게 '사보이'가 자리 잡고 있다. 정식 가게이름은 '사보이 아자부주반점'이다. 길이 헷갈리면 아자부주반역에 내려서 안내지도를 폰으로 찍어 저장해두고 골목을 따라 찾아가면 쉽다.

외국생활에 익숙한 일본인 부유층들이 살아가는 모습을 구경하면서 가면, 금세 이탈리아 정통 화덕 피자를 맛볼 수 있는 가게에 도착하게 된다.

11

이야기가 흐르는 오래된 가게

어떤 가게가 있다. 세월의 흔적을 보여주는 낡은 간판, 그다지 청결해 보이지 않는 가게 안, 음식을 만들어 판매하는 사람들도 가만히 보니 중년은 훌쩍 넘어 보인다. 머리카락이 하얗게 샌 남자가 카운터에 앉아서 꼬장꼬장한 표정으로 돈을 계산한다. 가게가 있는 건물도 신식 건물이 아니다. 차량이 들어가기에 편리한 길도 아니다. 차량 두 대가 지나가기에도 벅차 보이는 좁은 골목이다. 게다가 오후 4시가 넘어서 찾아가면 일찌감치 문 닫고 장사를 안 한다. 그런데 이 가게 앞에 20~30대는 물론이고 연세가 꽤 있는 분들까지 줄을 서고, 아침부터 봉지를 하나씩 들고 음식을 사간다면 당신은 어떤 생각이 드는가?

사람들이 미쳤다?

저건 분명 조미료가 엄청 들어간 음식이다?

반면에 어느 가게는 신식 건물에 입주했고 서비스하는 사람들도 모두 20~30대다. 메뉴는 스파게티, 까르보나라, 와인 등 서양식 메뉴다. 그런데 이 가게엔 파리만 날린다.

두 가게를 보는 당신의 생각은? 만약 두 번째 가게가 당신의 가게라면 문제점을 해결한 방법은? 정답은 스토리다. 이야기가 있어야 가게 생명이 길다.

"한국인들은 이상해!"

지난주에 한국에 다녀왔다는 야마모토가 나를 보면서 잔뜩 흥분된 얼굴로 말한다. 도쿄에 볼 일이 있어 나온 김에 케이세이 우에노역 앞에서 만난 야마모토와 나는 근처 패스트푸드점에 들어갔다. 깃삿텐喫茶店, 찻집이나 커피점은 사람들도 많고 시끄러워서 별로 구미가 당기지 않는 성격인데 야마모토도 나와 비슷한 성격이었다. 그래서 우리 두 남자가 친한 것인지 모르겠지만 말이다.

"지난주에 업무 때문에 한국에 갔는데 미팅 마치고 저녁에 술자리를 갖게 됐어. 그런데 술자리에서 재미있는 게임도 하고 취해서 웃음도 많아질 무렵이 되니까 갑자기 한국인들이 나한테 나이 물어보고, 고향 어디냐고 물어보면서 내가 어디 대학을 나왔는지도 궁금해하더라. 대단하지 않아?"

"진짜? 그래서?"

야마모토는 내가 놀라는 척하는 얼굴을 보며 '그것 보라고, 너도 내 말에 관심 가질 줄 알았다'며 더욱 기분이 좋아진 모양이었다. 야마모토가 다시 말을 이었다.

성공전략 ❶

누구의 입에도 한입에 쏙쏙

"한국엔 기무라야木村屋 앙빵단팥빵, あんパン 그런 거 없어?"

야마모토가 내게 물었다. 순식간에 정해지는 사람 사이의 관계를 생각하다가 일본에서 오랜 시간 단팥빵만 만들어오는 가게가 떠오른 모양이었다. 한국은 일본에서처럼 오랜 시간 가꾸고 만들고 지켜보는 그런 문화가 없냐는 이야기였다.

왜 없겠는가? 당연히 있지. 대표적으로 안흥 찐빵도 있고, 천안에 호두과자도 있다. 종로나 삼청동, 대전, 부산, 전주, 대구 등, 한국 거의 모든 지역에 오랜 시간 전통을 가꾸고 지켜오는 문화가 있다. 전주 비빔밥과 콩나물국밥으로 유명한 삼백집, 삼청동의 칼국수집, 종로에 삼계탕집 등 한국에도 분명히 있다. 야마모토에게 말해준 내용들이다.

참고로 '기무라야 앙빵' 가게는 긴자역에서 A9 출구로 나와 걷다보면 곧 만나게 되는 가게인데 1874년에 처음 생겼다고 전해지므로 2015년 시점을 기준으로 계산하면 141년이 된 가게다. 140년 넘게 단팥빵만 만들었으니 아마도 전 세계에서 단팥빵에 대해 가장 잘 아는 가게가 아닐까?

가게엔 항상 손님들이 줄 서 있는데, 가게 전면부에 개발한 단팥빵의 종류를 손님들이 잘 볼 수 있게 진열해놓은 점이 특색 있다.

한 가지 흠이라면 크기가 약간 작은 편이어서 한입 먹어도 어째 좀 부족한 듯하다. 하지만 그 또한 이곳만의 차별화 전략으로 보이면서 더욱 인기를 얻는 요인이 되고 있으니 크게 불평할 노릇도 아니다. 사람들마다 입 크기가 다르지만 어느 누가 먹더라도 입안에서 자유롭게 맛볼 수 있는 크기다. 기무라야 앙빵의 크기는 오랜 시간 사람들 입모양과 입안의 넓이를 고려한 후에 결정된 크기라는 점에서 가게의 노력이 돋보이는 거 아닐까?

성공전략 ❷

빵 속에 다양한 재료를 넣어 맛을 혁신한다

기무라야 앙빵의 성공은 단팥빵 한 개에 그치지 않고 빵 속에 다양한 재료를 넣어 맛을 다채롭게 했다는 게 포인트다. 사실 단팥은 달콤한 맛이 일품이기도 하지만 사람에 따라 호불호가 갈리는 재료라서 그렇다. 그래서 기무라야 앙빵에서는 시대에 따라 사람들이 선호하는 재료를 빵에 넣으면서 여러 종류의 아이템을 만들어내는데 집중했고 그게 성공요인이 되었다. 100년이 넘도록 생명력을 유지하는 비결이기도 하다.

야마모토가 한국인들의 관계 형성방법에 대해 생각하면서 기무라야 가게를 떠올린 이유는 그만큼 서로 오랫동안 지켜보고 잘 아는 사람이 되어야만 전화번호도 교환하고 가까운 사이가 될 수 있다고 믿어서다. 이것은 일본인들의 공통된 사고방식이다.

100년이 넘도록 대를 이어 일한다는 것

세계에는 500년을 이어가는 오리고기 식당이 있는가 하면, 100년이 넘도록 전통방식으로 빵을 만들거나 맥주, 와인 등을 만드는 기업들이 상당수 있다. 유럽을 근간으로 둔 패션브랜드는 그 수를 헤아리기 어려울 정도로 많지 않은가? 그러고 보면 한 가지 아이템으로 100년 넘게 장사를 한다는 것은 어려운 일이긴 하되 불가능한 일은 아니란 걸 알게 된다.

장사를 하려는데 그 이유가 무엇인지, 목표를 어디에 뒀는지 생각해보고, '밥 먹고 살려고', '할 줄 아는 게 없어서' 또는 '배운 게 이거라서'로 시작하는 장사는 하지 말자. '이게 요즘 돈벌이가 된다기에'도 안 되며, '남들이 그러는데 이거 해보라고' 해서 한다는 사람도 장사를 시작하면 안 된다.

장사는 단순히 '밥 먹고 살자'에서 한걸음 더 나아가 대를 이어 계승해줄 가치가 있어야 한다. 시장에서 반찬을 팔아도, 골목어귀에서 치킨을 튀겨도 본인만의 노하우를 만들고 남들과 다른 점이 있어야 한다. 하찮은 장사란 없다. 죽지 못해서 하는 장사라고 생각하지 마라.

내가 하고, 후손들이 하며, 사람들이 본인의 장사를 생각할 때 엄지손가락을 기꺼이 들어 올려줄 수 있는 철학을 담도록 하자. 여기엔 스토리가 중요하다. 단순히 남들보다 싸게, 남들보다 많이 파는 게 아니라 장사에 스토리를 넣어 그 이야기가 후대에도 전해지도록 해야 한다.

당신의 가게에 담을 수 있는 이야기는 무엇이 있는가?

info

기무라야 앙빵

맛을 기억하면 눈으로 주문한다

일본 긴자에는 단팥빵을 파는 기무라야木村屋가 있다. 긴자에서 내려 A9 출구로 나와 걷다 보면 만나게 된다. 1874년 창업하여 100년이 넘는 시간 동안 오로지 단팥빵만을 만들어 온 오랜 역사를 자랑하는 가게다.

오랜 역사만큼이나 일본인들의 영양 간식으로 명성을 이어왔는데, 세대가 바뀌면서 일본인들의 식성이 변함에 따라 기무라야 앙빵도 다양한 속을 넣어 만들어 팔고 있다. 팥은 기본이고 치즈크림, 밤, 일본 술이 들어간 빵 등 20여 가지도 넘는 종류가 있다. 맛별로 빵을 진열해놓아 손님은 가게 앞에서 편하게 빵을 주문할 수 있다. 빵 하나의 가격은 126엔. 크기가 약간 작아 보이는 게 아쉽다고 할까?

12

음식이 다르면 그릇도 다르다

김치찌개 맛이 똑같은 식당 두 곳이 있다. 한곳에선 찌개든 반찬이든 그릇이 모두 플라스틱이다. 그런데 다른 곳에선 흑미는 놋그릇에, 김치찌개는 뚝배기에, 깍두기, 깻잎, 콩절임, 삶은 돼지고기 등은 음식에 맞춰 각기 다른 그릇에 담겨져 나온다. 두 가게의 가장 큰 차이는 김치찌개의 맛이 아니라 반찬을 내오는 그릇이다. 당신이라면 어느 가게를 가겠는가?

김치찌개를 팔려면 길에서 흔히 볼 수 있는 김치찌개 식당이 되면 안 된다. 무언가 당신 가게만의 차별점이 있어야만 한다. 차별화는 인테리어와 서비스로만 할 수 있는 것이 아니다. 똑같은 메뉴라도 그릇이 다르면 차별화가 가능하다.

식당을 차리면 밥은 먹고 살 줄 알았는데 망했는가? 당신 가게만의 차별점은 무엇이었는지 생각해보자. 당신도 알고, 그도 알고, 그녀도 아는 그런 평범한 식당은 아니었는지 반성해보자. 사람들은 그들만의 특별한 무언가가 떠오를 때 그 가게에 온다. 멀다면 차를 타고라도 온다. 하지만 그들이 평범하다고 생각하는 가게엔 오지 않는다. 당신만의 가게가 특별해야만 하는 이유다.

돈 모아서 여행 갈 거라며 두고두고 벼르다가 이번 휴가 때 일본에 오게 된 거래처 담당자 이미희 부장을 나리타공항에서 만났다. 일본에서 하루 자고 나머지는 밤 비행기로 오가는 1박 3일 일정이라며 자기 몸집보다 더 큰 캐리어 가방을 들고 나타났다. 그녀는 입국장으로 들어서면서부터 일본 식당에 가보고 싶다고 나를 채근했다.

"드디어 내가 왔다 이거지! 대충 계산해도 여섯 끼 이상은 먹을 수 있으니까. 참 근데 신주쿠랑 시부야, 긴자, 하라주쿠, 시나가와, 록폰기, 아카사카, 요코하마, 아자부주방까지 전부 들를 수 있어요? 이틀 머물 거니까 충분하겠죠?"

이미희 부장은 수첩을 꺼내 한국에서 미리 검색해온 맛집 리스트를 불러댔다. 리스트를 들고 내심 뿌듯해하는 그녀를 보면서 안타까운 마음이 들었다. 이미희 부장의 수첩에 있는 음식점 리스트엔 제대로 된 맛집이 없었다. 이미희 부장은 한국처럼 일본에도 블로그 마케팅을 하고, 돈을 받고 후기를 올려주는 사람들이 있다는 사실을 모르는 듯했다.

"일본 음식은 진짜 눈으로 먹고 입으로 먹고 두 번 먹는 거 같아요. 어쩌면 이렇게 음식을 예쁘게 만들지? 그릇들이 요리와 짝꿍인 것처럼 잘 어울려요. 주방장들이 센스가 있어서 음식은 비슷해도 그릇이나 플레이팅 방법이 모두 달라요. 어느 식당에 가면 음식보다 그릇이 탐나서 갖고 싶더라니까요."

물론 이미희 부장의 이야기는 전혀 틀린 것은 아니었다. '일본 음식은 입으로 먹기 전에 눈으로 먹는다'는 표현이 있을 정도로 눈이 즐거운 음식이다. 각 지역마다 특산물이 다르고 지역색이 강해서 음식 하나만으로도 전통과 특색을 담기내기에 그렇다.

'일본 음식은 왜 예쁠까? 그릇은 왜 음식마다 다른 모양일까?'

그 이유는 일본 음식을 먹는 '젓가락'에 있다. 일본인들은 식사를 할 때

수저를 사용하지 않는다. 젓가락만 사용하며 국물이 있는 음식일 경우에만 사용하는 작은 국자가 있을 뿐이고, 대부분의 음식은 그릇을 들어 입에 대고 젓가락으로 음식을 입에 밀어 넣는다. 우리나라 된장국에 해당되는 '미소시루'는 그릇째 들고 국물은 마시고 건더기는 젓가락을 사용해서 먹는다.

음식을 먹을 때 국을 떠먹는 전용스푼 외에 젓가락만 사용하고 밥과 반찬을 먹는 '수저'가 없다 보니, 일본에선 당연히 그릇에 관심을 갖게 되었다고 볼 수 있다. 입에 대는 그릇인데 그 안에 음식이 담겼으니 그 모양이 중요하게 된 까닭이다. 일본 음식에서 나오는 식기 디자인을 자세히 보자. 대부분 손에 들기 편하도록 만들어졌음을 알 수 있다.

그래서 일본인들의 가정에서도 식구들마다 자신이 사용하는 전용 식기(밥그릇, 젓가락, 찻잔)가 따로 있는 경우가 대부분인데, 각자 사용하기 편리한 그릇에 맞춘 식사 방식이다. 심지어 일본에는 매해 아이에게 젓가락을 새로 사주는 풍습이 있다. 아이의 손이 커지니까 그에 맞는 젓가락을 새로 사주는 것이다.

"어떤 그릇이 그렇게 마음에 드셨어요? 여자 그릇이요, 남자 그릇이요?"

"네? 남자용 여자용이 따로 있나요?"

"네. 밥그릇은 남자용이 지름 12cm, 여자용은 11cm 정도예요. 찻잔은 남자용이 8cm, 여자용이 7cm 정도죠."

"정도? 정확한 사이즈가 있는 건 아닌가 보네요?"

"역시 부장님은 예리하시네요. 네, 옛날 기준이에요. 요즘엔 일본인들 체형이 달라져서 자기에게 어울리는 크기를 선택하죠."

일본인에게 그릇이란 자기 자신의 것을 뜻한다. 그래서 일식 식당에선 각각의 손님을 위한다는 의미를 담아내기 위해 그릇 디자인과 크기, 음식의 모양까지 신경 쓰는데, 젓가락만 사용하기 때문에 음식의 모양과 재료 손질도 주의를 더욱 기울인다. 식당에 오는 손님들에게 딱 맞는 음식을 서비스한다는 의미다. 일본 음식의 모양에 대해 세계 사람들이 찬사를 보내는 이유가 바로 여기에 있다.

일본 음식의 크기를 보자. 한국에서 집집마다 깍두기 크기가 다르긴 하지만 육면체 모양이란 점은 비슷하듯이 일본에도 '○○는 대개 이런 모양이다'라는 음식은 없을까? 물론 있다.

일본 음식은 식재료가 입에 들어갔을 때를 고려하여 가로×세로×높이를 3×2×1cm 크기로 만든다. 3cm는 한입에 쏙 들어가며 식감을 잘 느끼게 해주는 알맞은 크기다. 일식의 대표적인 사시미(생선회)의 크기가 여기에 속한다. 그렇다고 모든 음식이 이 크기에 부합되는 것은 아니다. 식감에 따라 나눠 먹기에 좋은 음식은 6cm 크기로 3cm씩 두 입에 먹을 때를 고려한다.

성공전략 ❶

특별한 순간 가장 먼저 떠올릴 수 있는 곳이 되라

"음, 그런데 일본에 간다니까 다들 방사능 조심하라던데, 괜찮겠죠?"

이미희 부장의 걱정스런 얼굴을 보며 내가 말했다.

"수산물 시장에 방사능측정기를 들고 가서 수산물에 가까이 대보며 테스트한 영상인데요, 모든 수산물이 완벽하진 않다고 하더라고요. 영상에서 보면 어떤 수산물에서는 방사능 오염 신호가 나왔으니까요."

"세상에. 그럼 나 어떻게 해요? 먹어요, 말아요?"

"오늘 가는 식당들은 괜찮을 거예요. 값싼 재료를 쓰는 곳도 아니고 수십 년 이상 거래하는 업체들에게 가져와 철저히 위생 상태를 점검해보고 음식을 만드는 곳이니까요. 이러면 이제 좀 안심 되죠?"

이미희 부장을 데려가는 곳은 아카사카赤坂에서 알아주는 가이세키 요리점이다. 우선 '아카사카'는 일본 국회의사당, 정부 청사들이 모인 곳이고, 이 지역 음식점에는 정치인이나 경제인들이 왕래하기 때문에 모든 음식의 위생 상태는 믿을 수 있었다.

그리고 가이세키 요리란 일본의 차문화茶道에서 시작된 접대 요리로, 예의를 기초로 한 음식답게 그릇에도 반드시 지켜야 하는 규격이 있다는 게 특징이다. 가령, 생선회를 큰 접시에 홀수(일본인들이 여기는 행운의 수)를 맞춰 담았으면 간장을 곁들여 내게 되는데 이때 간장종지의 크기는 회 한 점을 넣을 수 있는 크기로 만들어야 한다는 식이다. 손님 접대를 위해 내놓는 음식으로써 그릇부터 격식을 갖춘다는 점이 고개를 끄덕이게 한다.

가이세키 요리점에 들렀다. 가게 안에 내부 구조는 이렇다 할 특별한 요소는 없었다. 깔끔한 분위기로 보이는 게 전부였다. 한국에서도 얼마든지 볼 수 있는 일식집. 이 가게는 인테리어를 내세우는 곳이 아니라 음식을 내세우는 곳이었다. 여느 식당과 크게 다를 바 없는 분위기였지만 정갈한 엄선된 음식과 메뉴는 일본의 오피니언 리더들을 상대하기에 부족함 없었다. 그래서 이 가게가 유명세를 얻고 손님들로 북적이게 되었을 것이다.

'접대'가 필요한 지역에 '접대 음식'을 파는 가게를 차렸다. 거래처를 만나고, 외국 손님을 모시고, 업무상 필요한 인맥 등을 만들 때 식사 자리가 필요하다면? 일본인들이 가장 먼저 기억하고 찾아오는 곳이었다. 격식과 예의를 바탕으로 만든 음식이기에 그렇다. 한국으로 치면 정부청사가 있는 삼청동이나 여의도 국회의사당 인근 한정식집을 비유할 수 있다.

'사회지도층 인사들을 상대하는 식당이라면 고급 한정식집인데, 그런 가게는 차릴 돈도 없고, 콘셉트도 우리 가게와는 안 맞아!'

이런 생각이 들 수 있다. 하지만 다시 생각해보자. 가이세키 요리점을 이야기하면서 강조하는 건 다른 가게들과의 차별화다. 가이세키 요리가 사회 지도층을 위한 음식이란 점보다는 다도 문화에서 시작된 '상대방을 배려하는 음식'이라는 점에 더 초점을 맞춰야 한다. 식사 자리 한 번이 여러 번의 미팅보다 더 큰 힘을 발휘하는 경우가 많지 않은가? 가이세키 요리점은 이러한 사회생활에서 사람들이 필요로 하는 순간을 제대로 파고들어 틈새시장을 공략했다고 봐야 한다.

예를 들어, 시내에 나가야 베트남 쌀국수를 먹을 수 있다고 하자. 주택가 인근 작은 골목에 동네 주민을 위한 쌀국수 가게를 차리면 어떤가? 시내에 관공서 주변이나 외국인 관광객들이 몰리는 곳에서 볼 수 있는 한정식집도 마찬가지다.

당신이 살아가는 주택가 골목에 특화된 한두 가지 메뉴의 한정식집을 차려라. 쌀국수를 먹고 싶은 순간에, 가족들과 한정식집을 가고 싶은데 시내까지 나가는 게 번거로운 순간에 사람들이 당신 가게를 떠올릴 수 있도록 말이다. 가이세키 요리점도 마찬가지의 경우다. 사람들이 필요로 하는 순간에 가장 먼저 떠오르는 가게가 되었을 뿐이다. 지금은 당신 가게의 차별화를 이야기하는 중이다.

성공전략 ❷

기억에 남는 반찬을 만들어라

이미화 부장은 테이블에 앉자마자 메뉴판을 들여다보며 어떤 음식에 도전할까 잔뜩 기대하는 눈치였다. 메뉴판을 내게 넘긴 이미화 부장은 어떤 음식을 시킬지는 온전히 나만 믿겠다며 테이블에서 물러섰다. 벽에 등을 기댄 채 식당 안을 여기저기 둘러보던 중 음식이 나오자 조심스럽게(마치 소중한 무언가를 처음 만나는 사람처럼) 젓가락을 들었다.

"아이, 짜!"

첫마디였다.

나도 젓가락을 들어 한 개를 먹어봤다. 짜다고 하기에 혹시 가게에서 실수를 한 건지 걱정스러웠기 때문이었다.

"아, 이건 짠 게 아니라 지극히 평범한 거예요."

"네? 이게요? 내 입엔 짠데. 이건 싱거운 맛이 아니잖아요?"

이제야 이해가 됐다. 이미화 부장은 일본에 오기 전부터 일본에 대해 여러 책자를 본 모양이었다. 음식은 어떻고, 집은 어떻고, 기후는 어떻고 자세하게 설명되어 있는 여행서 말이다. 그런데 어떻게 하겠는가, 현실은 교과서

와 차이가 날 수밖에 없다.

"일본 음식은 짠 맛, 단 맛, 비린 맛, 그리고 이런 맛들이 섞여 있어요. 그리고 일본인들은 절대 소식하는 사람들이 아니에요, 많이 먹죠. 일본 식당에선 요리를 시켜도 곁가지로 나오는 반찬까지 다 돈을 받아요. 그래서 반찬도 공짜로 안 주는데 음식이 싱거우면 안된다고 말하는 사람도 있어요."

"세상에!"

그러는 사이, 주문한 음식들이 테이블 위에 하나씩 놓이더니 모두 나왔다. 이미화 부장은 음식을 찬찬히 둘러보더니 하나씩 집어 맛을 보기 시작했다. 아, 음식을 먹으면서 이렇게 경건한 적이 있었던가? 역시 무슨 일을 하든 그 일에 대해 기대하고 좋아하는 사람과 같이 해야 함을 느꼈다.

"그건 사쿠라 절임이에요. 소금에 절인 벚꽃이요."

이미화 부장이 고개를 끄덕였다. 그리고 입안에 넣은 절임 한 조각을 음미하듯 씹으며 식감을 느껴 보려 했다.

"일본인들은 사쿠라(벚꽃)를 좋아하거든요. 그런데 1년에 한 번 보니까 아쉬운 거예요. 그래서 절임을 만들어서 1년 내내 보기도 하고 먹기도 하고 그러는 거죠. 그게 메인요리는 아니고요, 음식 장식으로 주로 사용해요. 맛은 어때요?"

"맛이요? 음, 이게 무슨 맛이지. 그러니까… 어릴 때 손톱에 봉숭아 물들이는 거 아세요? 그 봉숭아 절여서 먹는 맛이에요. 입맛엔 별로 안 맞는데요, 그냥 일식 중에 이런 게 있으니까 먹어보려고요."

이미화 부장 앞으로 다른 절임 반찬 하나를 더 옮겨줬다.

"이건 오이절임이에요. 집집마다 절임 정도가 달라요. 일본인들의 입맛이 다 다른 거겠죠? 자기 입맛에 맞춰서 먹는 절임이에요. 여름에 일본 온 사람들은 바닷가에서 불어오는 습기 찬 후덥지근한 바람을 못 견뎌하는데요, 그럴 때 여름에 염분 보충에 좋겠다고 여기면서 먹어두는 편이에요."

"그렇군요. 저는 '여름' 하면 제일 먼저 '치맥'이 떠올라요. 여름에 짠 음식 먹으면 입안이 텁텁할 거 같은데요? 이것만 먹으라면 안 먹을래요."

"치맥이요? 하하. 치맥은 한국인들이 만들어낸 메뉴에요. 일본인들은 치킨이랑 밥을 먹어요. 치킨 조각을 밥과 같이 먹는 거예요. 근데 이게 한국의 치킨 양념이 아니라 일본식 스타일 양념이어서요, 짭짜름해서 먹을 만해요.

참고로 영국에도 치맥은 없어요. 후라이드 치킨이 전부죠. 한국엔 마늘치킨도 있고 간장치킨, 양념치킨도 있고 그 종류가 많죠? 영국엔 그런 거 없어요. 간장소스 치킨이나 파와 섞은 '파닭'은 먹을 만하다고 할 거예요. 양념치킨은 맵다고 하고요. 마늘치킨은 진짜 이상하다고 할 걸요? 후라이드 위에 다진 마늘 소스를 얹은 그 모양새가 좀 찜찜할 거고요. 어쩌면 영국인들은 그걸 보고 고양이가 토한 거 같다(치킨 위에 얹은 마늘 소스의 양이 적으므로)고 할 거예요. 어쨌든 일본에선 치킨을 밥 위에 얹어서 먹어요. 돈가스처럼."

이미화 부장은 내가 말할 때마다 고개를 끄덕이며 때로는 '아!'라고 말하거나 '네'라고 하거나 '그래요?'라고 말하는 걸 잊지 않았다. 고양이 이야기를 할 때는 눈동자를 동그랗게 뜨는 것도 잊지 않았다. 나는 여자가 아니지만 분명 이미화 부장의 그 모습은 여자들끼리의 대화 방식이었다는 걸 안다. 관계를 소중히 여기는 여자들만의 감성을 말한다.

남자들은 대부분 밥을 먹으러 가면 '밥이나 먹지, 무슨 말을 해?'라고 하겠지만 여자들은 다르다. 함께 있는 장소, 사람, 분위기, 느낌 등의 모든 것을 포함해서 밥을 먹는다고 여긴다.

그런데 이미화 부장이 내 이야기를 전부 기억할까? 그런 걱정은 안 해도 된다고 여겼다. 그날은 이미화 부장을 위한 일식 투어였다. 일본에 처음 오는 한국인들이라면 대부분 관심 갖는 부분이니까.

자, 그럼 이젠 제일 마지막에 나온 반찬 차례였다. 이미화 부장은 테이블 위에 놓인 반찬과 음식을 골고루 먹어 보면서도 유독 마지막 그릇 만큼은 손을 대지 않고 있었다. 쳐다보기도 싫어하는 듯 보였다.

"이것도 드세요."

"으으. 그거 결국 먹어보라고 하시네요. 왠지 징그러워서 쳐다보지도 않았어요. 이거 번데기 아니에요?"

"네? 하하."

유럽인들은 이 재료를 가리켜 '아티초크Artichoke'라고 부른다. 영어로는

'Chinese Artichoke(중국 아티초크)'라고 하는데, 일식의 절임류로 아삭아삭한 식감의 '쵸로기'라는 채소로 만든 메뉴다. 한국에서는 치매 예방과 변비에 좋은 약초로 취급되며 '초석잠'이라고 부른다. 이 재료는 일본인들 중에도 모르는 사람들이 꽤 있을 정도로 흔하지도 않고 가격도 비싸다.

일반적으로 아티초크는 그저 나무에서 열리는 파인애플 형태의 작은 열매 혹은 꽃봉오리(혹은 두릅) 정도로 생각되는데, '예루살렘 아티초크'는 감자나 고구마처럼 자라는 채소로 그 모양새가 영락없이 애벌레처럼 생겼다. 이날 가이세키 요리점에서 내온 것은 후자였다.

"맛은… 음. 나쁘진 않네요."

내 설명을 듣고도 한참 망설임 끝에 젓가락을 든 이미화 부장은 눈을 질끈 감고 입에 넣어 맛을 보며 말했다. 이날 일본에 처음으로 온 이미화 부장은 가이세키 요리점에 들러 예의 바른 음식을 맛보는 중이었다. 어쩌면 그동안 자신이 상상하던 일본을 맛보는 중이었는지도 모르지만 말이다.

똑같은 음식이더라도 맛이 다른 경우가 있다. 그 맛은 인공조미료를 썼는지 아니면 천연재료로 간을 맞췄는지에 따라, 그릇을 다르게 배열해서 음식 맛 외적으로 품위를 얼마나 느끼게 해주었느냐에 따라 달라진다. 이른바 '눈요기'가 되는 음식이라고 할까?

어떤 가게든 세상의 없는 메뉴를 파는 곳은 없다. 그렇다면 '어떤 음식을 파느냐'가 중요한 게 아니라 '음식을 어떻게 파느냐'가 중요하다. 똑같은 메뉴일지라도 맛이 다른 게 차이점이고, 음식을 먹지 않고 보기만 했는데도 맛을 느끼게 해주는 정성이 있다면 그게 차이점이 된다.

삼겹살 가게인데 마늘절임이 독특하다면 그게 차이점이 된다. 손님들은 곳곳에 펼쳐진 가게를 보면서 자기가 가본 가게들마다의 차이점을 기억해 내려고 한다. 맛이 같고 가게 분위기도 비슷하다면 그 다음엔 그릇이 중요하다. 다른 가게들도 파는 비슷한 음식이라면, 어떤 그릇에 내오느냐가 당신 가게의 전략이 된다는 뜻이다.

새로운 스타일을 창조하라

어느 거리에 유동인구가 100명이다. 그곳에 가게를 열면 가게에 몇 명이 올 것인지 짐작할 수 있을까? 5명? 10명? 또는 50명? 장사를 하는 사람들은 대부분 많은 손님을 원하며 그 거리에 오가는 사람들 모두가 내 가게 손님이라고 여기는 경향이 있다. 그래서 가능한 한 다양한 메뉴를 선보이려고 하는데 이런 가게일수록 쉽게 망한다.

그 거리에 오가는 사람들이 100명이라면 내 가게가 100가지 스타일 중에서 누구와 어울릴 것인지 골라야 한다. 중국인이 13억 인구라고 해서 시장이 크다는 의미가 아니라 13억 가지의 스타일이 존재한다는 의미로 생각해야 되는 것과 같은 이치다.

그래서 손님이 많고 스타일이 다양해질수록 인기 있는 아이템을 따라가기보다는 나만의 장점을 살려서 특색을 갖는 게 더 좋다. 100명의 스타일에 맞추기보다는 내 스타일을 얹어 101개의 스타일이 되도록 하는 게 장사에 도움이 된다는 뜻이다.

생각해보자. 그 거리에 100명이 다닌다는 사실은 나 외에도 누구나 쉽게 알 수 있다. 그런데 당신이 그곳에 이미 있는 100개의 스타일 중 하나로 가게를 열었다면? 사람들이 관심을 갖지 않는다. 변화가 없기 때문이다. 장사 매출은 단골이 기본적으로 유지를 해주고, 대박은 뜨내기 손님이 만들어준다. 당신 가게엔 대박이 없다는 얘기다.

그럼 101가지 스타일로 장사를 했을 땐 어떤 일이 벌어질까? 그 거리가 101가지 스타일이 있는 거리가 된다. 그 거리를 아는 무수한 사람들이 관심을 갖기 시작한다. 그 거리는 100개의 스타일이 있는 거리가 아니라 101가지의 스타일이 있는 거리가 되었기 때문이다.

"거기에 새로운 가게 열었다는데, 구경 가보자."

사람들이 당신 가게에 몰리게 된다.

info

하카와(가이세키 요리점)

최고와 최고가 만나다

도쿄에 왔다면 아카사카에 들러 정통 일식인 가이세키 요리점 '히카와ひかわ'에 들려보기를 추천한다. 록폰기와 긴자에서 모두 가깝다. 록폰기 미드타운 방향의 히노키공원을 가로질러 걷다보면 10분 안에 도착한다.

이곳에서 살짝 덜 익힌 소고기 초밥을 맛보며 참치 초밥의 맛과 또 다른 식감에 빠져보는 것도 좋고, 홋카이도산 굴과 싱싱한 도미회를 즐겨도 좋다. 단, '오차즈케'라고 해서 차녹차에 밥과 김, 생선 등을 넣고 말아먹는 메뉴는 굳이 선택하지 않아도 되겠다. 한국에선 밥에 물 말아먹는 것과 차이가 별로 없으니까.

13

당신의 취미가 머뭅니다

만화에 나오는 로봇 모형 조립하기, 자전거 타기, 특이한 애완동물 기르기, 애니메이션 속 캐릭터 좋아하기, 만화에 나오는 영웅의 장난감 무기 사기, 축구공 모으기, 야구 유니폼 모으기 등 사람들의 취미가 진화하고 있다. 남들이 하던 취미와 같을 필요도 못 느낀다. 남들은 남들대로, 자기는 자기만의 취미가 있다고 여긴다. 이들이 모여 소비집단이 되고 구매 시장을 만든다.

'장사를 하려고 해도 그럴듯한 아이템이 없어!'

식당을 차릴까? 옷 가게를 할까? 애완동물 가게? 반찬 가게? 자동차 액세서리 가게? 자전거 가게? 맥주 가게? 수입과자 가게? 치킨 가게? 커피 가게? 당신 머릿속에서 나오는 장사 아이템이 고작 이 정도라면 눈을 돌려 사람들이 좋아하고 관심 갖는 분야를 떠올려 보자. 취미가 새로운 시장을 열고 있다. 당신이 먼저 시작하면 다른 사람들이 따라온다. 남들 다하는 가게를 열면 경쟁에 치이고 실패할 확률이 높지만, 남들보다 먼저 시작하면 당신이 시장을 리드할 수 있다.

일본은 고독하다. 그런데 그 고독한 일본인들을 위한 시장이 생겼다. 15세 이하 인구가 65세 이상 인구보다 적은 나라. 건강지압 서비스, 보청기 가게처럼 노인을 위한 각종 가게가 거리에 즐비하고, 그 가게는 할아버지, 할머니가 운영한다.

젊은이들은 어디에 갔을까? 일본 젊은이들은 만화, 애니메이션, 게임에 빠졌다. 현실에 대한 불확실성으로 가상의 세상에 몰입하는 중이다. 1990년대부터 시작된 일본의 장기불황에서 현재까지 근 20년이 흘렀지만 삶은 나아지지 않았다. 1990년대 대학생이던 사람들은 어느새 40대가 되었지만 그들에겐 불황이란 단어가 오히려 더 익숙하다.

일본의 젊은이들은 부모세대의 과거에 관심이 없다. 화려하고 강력했던 전성기 시절을 되돌리기엔 너무 많이 와버렸다. 현재 일본의 젊은이들은 오로지 자기 인생에서 소중하다고 생각하는 것에만 관심이 있다. 현실이 팍팍할수록 미래에 대한 꿈이나 계획을 세우지 않는다.

어차피 미래는 자기 계획대로 되지 않는다고 알아버린 탓이다. 그들의 부모세대가 그렇게 열심히 일했지만 결국 세상은 더욱 살기 어려워졌다는 걸 직접 눈으로 보았기 때문이다. 과거로 돌아가고 싶은 늙은 일본, 미래에 대한 비전 대신 현실에 안주하려는 젊은 일본이 공존하는 상황에서 일본의 고독은 더욱 깊어만 가는 중이다. 고독한 일본인들의 마음속에 자리잡은 건 취미 시장이었다. 일본인들은 마음을 빼앗긴 취미에 돈을 쓰는 중이다.

지금 일본인들은 그들이 알던 과거의 기억에 돈을 쓰고 있다. 풍족하진 않았지만 행복할 수 있었던 어린 시절 기억을 떠올리게 해주는 먹거리에 돈을 쓰고, 추억을 떠올리면서 다시 찾아낸 그들만의 보물에 돈을 쓰고 있는 중이다.

성공전략 ❶

붕어빵에도 고르는 재미가 있다

"이곳에 사세요?"

준수 씨와 내가 탄 택시는 나카메구로 지역으로 들어섰다. 부유한 일본인들이 주로 거주하는 지역이다. 동네 자체가 개성을 살린 집들로 이루어져 있는데, 집집마다 알게 되는 일본인들도 지식 수준이 높은 편이라 동네 자체가 시끄럽지도 않고 나름 살기에 편한 곳이다.

준수 씨는 차창 밖으로 내다보며 주변 경치를 감탄하며 말했다. 두 남자의 이야기는 '오덕후'에서 어느덧 주변 경치로 바뀐 상태였다. 준수 씨는 예전에 서울에서 나와 만났을 때 일본에 가면 주로 '아키하바라(도쿄의 전자상가가 밀집해 있는 지역)'에 들른다고 말한 적이 있다. 자신이 다니던 동네와 경치가 다른 점이 매력적으로 다가온 것일까? 준수 씨는 이후로도 이따금 '우와!'라는 감탄사만 연발할 뿐 잠시 다른 이야기는 잊은 모양이었다.

"여긴 어딘가요?"

동네 분위기를 감상하던 준수 씨가 물었다. 움직이던 차가 멈춘 것과 거의 동시였다. 차 앞 유리를 통해 맞은 편 건물 1층에 가게가 눈에 들어온 듯했다.

"타이야끼 가게에요."

"타이야끼요? 우아! 그건 붕어빵처럼 틀에 찍어내는 빵이잖아요?"

"네, 이 가게가 유명해요. 타이야끼 가게는 도쿄 어느 동네에 가더라도 전혀 없는 건 아니지만 나카메구로 동네에 있는 이 가게가 소문난 곳이에요."

타이야끼 가게는 도쿄에 시내 중심지에서도 종종 발견할 수 있다. 우에노上野에 아메요코 시장 골목 안으로 들어가면 붕어모양 철판에 다양한 속을 넣어 붕어빵을 구워주는 가게가 있다. 단팥을 넣기도 하고 크림, 치즈, 고기를 넣은 붕어빵도 있어서 입맛에 따라 선택할 수도 있다.

나카메구로 동네 어귀에 자리를 잡은 이 가게는 거리의 모퉁이에 있어 오가는 사람들의 눈에 잘 띈다. 준수 씨도 주변 경치를 바라보다가 순식간에 가게를 알아본 이유다.

도로가에 낸 창문 양옆으로 출입문을 만들어서 모퉁이 어느 쪽이든 손님이 들어올 수 있게 한 아이디어도 돋보인다. 창문 바로 아래엔 신제품 타이야끼와 인기 메뉴를 만들어 표시해두고 가게의 오른쪽, 왼쪽 어디에서 보더라도 잘 보이게 진열해두었다.

가게 안에 인테리어란 것도 특이할 만한 것은 없다. 한국에서 붕어빵 포장마차가 그대로 가게 안으로 들어간 모양이랄까? 손님들은 가게 앞을 지나다가 붕어빵을 사갔다.

"이 맛이군요!"

타이야끼의 장점은 상식을 깨는 재료에 있다. 준수 씨도 내가 사서 건넨 붕어빵 한 개를 베어 물더니 깜짝 놀라는 눈치였다. 자기가 베어 문 붕어빵의 잘라진 면을 다시 쳐다보며 말했다.

진짜 밤을 으깨어 만든 타이야끼다. 이곳에서는 가을에 생산되는 밤을 재료로 잘 으깨어 타이야끼 속을 만들어 팔고 있는데, 붕어빵 속이 단팥이 아니라 고소하고 맛있는 '밤'이라는 점은 이 가게의 팬이 되게 하는데 충분하다. 나카메구로 동네가 부자들이 모여 사는 지역으로 유명세를 얻었다면 타이야키 가게는 부자들이 즐겨 먹는 간식으로 인기를 얻은 셈이다. 한국의 경우라면 청담동에 붕어빵 가게가 생긴 식이다.

노점 포장마차가 아니라 제법 아담하고 인테리어도 갖춘 가게로 운영되는 붕어빵 가게. 청담동에 대비되어 어울리는 또 하나의 명소가 되지 않을까? 거리의 매연과 먼지가 묻을 걱정도 없고, 관할구청이 생겼으니 세금도 내고 제대로 된 위생관리까지 믿을 수 있을 터였다. 거리 간식이 가게를 얻으면서 하나의 프랜차이즈 브랜드가 되는 경우다.

성공전략 ❷

어른이 되도 기억하는 어린 시절의 맛

"저는 처음 먹는 순간 타이야끼에 완전히 반했어요. 그래서 지인들과 함께 종종 오고는 해요. 라이트노벨 표지에 애니메이션 캐릭터를 그린 것과 타이야끼 겉에 붕어 모양이 나오게 한 점이 비슷한 것 같아요. 게다가 라이트노벨이 대개 한 권에서 하나의 이야기가 끝나는 것처럼 타이야끼도 겉은 같은 붕어빵이어도 속에 넣은 재료에 따라 전혀 다른 맛이잖아요."

"아, 네. 그런데 이거 진짜 고소하네요. 맛있어요. 어떻게 이런 생각을 했을까요? 우린 그냥 붕어빵 하면 단팥속을 생각하잖아요? 그런데 여긴 단팥뿐만 아니라 여러 가지 재료로 속을 만들었네요. 으깬 밤이 진짜 고소해요. 붕어빵을 이렇게 고소하게 먹어보긴 처음인데요?"

타이야키를 먹던 준수 씨가 나를 보며 물었다.

"붕어빵은 속재료에 따라 골라먹는 재미가 있어요. 하지만 그게 전부는 아니죠. 타이야끼 가게에서 파는 메뉴들은 사실 알고 보면 일본인들의 어릴 적 추억을 파는 것과 같아요. 일본도 경기 불황이 지속됐거든요. 그래서 일본인들은 언젠가부터 자기들이 과거에 즐기던 향수가 있는 아이템에 집중하기 시작했어요. 예를 들면, 스파게티나 까르보나라 같은 서양 음식이 아니라 돼지국밥이나 감자전을 먹는다고 할까요? 지금 어른들이 어릴 때 먹던 불량식품이라고 부르던 것들 있죠? 연탄불에 구워먹는 쫀득이나 과일맛 나는 투명비닐을 빨아먹던 것처럼요."

"아, 네. 저도 기억나요. 스카이콩콩 타고 동네 문구점에서 딱지 사서 친구들과 내기도 하고 그랬었지요."

"타이야끼도 그런 종류의 향수가 깃든 아이템이에요. 그 맛이 특별하다거나 고도의 기술이 들어간 건 아니잖아요? 경기가 어려워질수록 사람들은 과거의 향수를 찾기 마련이라서 기억 속에 남아있는 행복했던 추억들을 떠올리려고 하는 거죠. 부모님께서 사주시던 그 맛! 아직까지도 타이야끼 가게가 굳건하게 잘 운영되는 이유에요."

그날 오후에는 숙소에 짐을 푼 근태 씨와 함께 아키하바라에 들러 피규어를 고르고 DVD를 사며 시간을 보냈다. 그는 일부러 일본으로 출장을 오고, 오로지 취미생활을 위해 출장 기간을 하루 더 연장하는데 기꺼이 돈을 쓰는 사람이었다. 취미는 향수의 연장선에 있는 것이 많다. 자기 분야에서 성공한 사람들이 다시 찾는 어릴 때 추억이랄까?

또는 현실이 힘들수록 무엇인가에 대신 몰입할 수 있는 그 무엇이기도 하다. 돈이 있든 없든 간에 어릴 때 추억은 대부분 비슷하다. 과거의 상품이 오늘도 팔리는 이유다.

食玩・ミニフィギュア

SPY Camera
このケースの中のスパイカメラ
¥5980均一
¥9800激安
このケースの中のスパイカメラ
¥5980均一
¥3980均一

경기가 어려울수록 추억 상품이 주목을 받는다

지갑이 얇아진 청소년과 젊은이들은 씀씀이를 줄이기 위해 애쓰는데, 자신의 취미에는 기꺼이 지갑을 연다. 다른 지출은 줄이더라도 자기를 위한 지출은 늘리는 것이다. 세상에 대한 불만을 해소하면서 자신을 위안하는 방법이다.

장년층이나 노년층은 과거의 상품을 찾아 소비한다. 경기가 어려워지면서 자신의 씀씀이를 돌아보게 되고 '굳이 이런 데 돈을 써야 할까?'라는 생각을 하게 된다.

"예전엔 이런 거 없어도, 이런 거 안 먹어도 잘 살았어."

자신들을 어려운 환경에서 키워낸 부모들에 대해 아련한 추억을 떠올리게 된다. 그래서 경기가 좋을 때는 아이들이나 손주들에게 사주는 추억의 상품이 되고, 경기가 안 좋을 때는 그들 자신이 사고 싶은 추억의 상품이 된다.

그래서 사람들은 경기가 안 좋은 상황에서 '미래는 나아질 거야' 하고 자신의 앞날을 긍정하기보다 '경기가 안 좋더라도 옛날엔 잘살았어'라며 행복하게 살았던 기억을 뒤쫓아간다. 오늘 이렇게 어려운데 어제는 어떻게 살았지? 생각하게 되는 이치다. 사람들은 현재의 상황에서 불만족스러운 문제가 생긴다면 과거의 경험을 통해 해결하려고 한다. 추억 상품에 집중하고,

사람들이 찾는 추억 상품에 새로운 아이디어를 넣어야 하는 이유다.

돈을 쓰는 사람들은 경제력이 있는 20대 이상의 성인이다. 이들은 저마다 추억이 있다. 어릴 때 부모가 사주던 것들, 자기가 먹었던 것, 자기가 갖고 싶었던 것들이 있다. 그런 추억을 갖고 오늘을 살아가는 사람들이다. 그런데 인생이 계획한 것처럼 되지 않는다. 열심히 사는 만큼 보상이 따르는 것이 아니라 오히려 살기가 더 어려워진다. 그들은 무엇을 떠올리게 되며 어디에 돈을 쓰려고 할까?

붕어빵에 으깬 밤을 넣은 것처럼 참신한 아이디어로 가게를 열 수 있다. 거리에 뽑기 아저씨를 떠올리며 별모양, 달모양 그림을 뽑는 사람에게 하나 더 주는 가게도 좋다. 쫀득이를 떠올리는 사람들도 생긴다. 하나 같이 그들이 과거 어느 날엔가 행복하고 웃었던 기억들이다.

주점을 운영하는가? 추억의 안주를 서비스해보자. 할아버지와 아버지, 삼촌이 즐겨 먹던 안주를 선보여 보자. 신김치에 빈대떡도 좋다. 열렬한 호응을 얻을 것이다. 패션샵을 운영하는가? 무조건 싸게 파는 바겐세일보다는 추억의 기획상품전을 열어보자. 고쟁이를 팔거나 몸빼바지를 내놓아 보자.

식당을 운영하는가? 추억의 먹거리를 제공해보자.

예를 들어, 누룽지도 좋다. 식사를 마친 손님들에게 숭늉을 대접하고 누룽지도 조금씩 내보자. 의도적으로 만든 누룽지가 아니어야 한다. 밥솥이나 냄비에서 밥을 지으며 생긴 누룽지면 족하다. 예전 그대로 집에서 먹던 그 맛 그대로여야 한다.

"맞아! 옛날엔 우리 누룽지 진짜 참 많이 먹었는데."

손님들이 당신의 서비스에 감동하게 될 것이다.

info

타이야끼

상식을 깨는 즐거움

나카메구로는 일본 도쿄에서 고급 주택가로 손꼽힌다. 이 동네가 유명한 이유는 부유층이 산다는 것 외에 유명한 맛집이 곳곳에 많다는 점 때문인데 동네 자체 분위기가 조용하면서도 어딘지 모르게 평온해 보인다. 그렇다고 월세가 비싸기만 한 곳은 아니므로 고급 주택가라는 단어에 미리 주눅들 필요는 없다.

그리고 나카메구로에 들러 일본의 전형적인 고급 주택가 분위기에 취해 봤다면 골목 어귀에 자리잡은 타이야끼 가게에 들러 맛을 보도록 하자. 우리의 거리음식 붕어빵 가게와 같은 곳인데 가을엔 실제 '밤'을 넣어 독특한 붕어빵을 만들어 팔기도 한다. 가격은 한 개에 330엔 정도로 싼 편은 아니지만 붕어빵 안에 단팥이 아니라 밤을 으깨 넣어 그 맛이 독특하다.

14

맛보다 눈으로 먼저 유혹합니다

가게는 손님의 머릿속에서 문을 열어야 한다. 가게가 홍보하고 광고해서 손님을 불러 모으는 게 아니라 손님이 스스로 생각하고 찾아오게 만들어야 한다.

지금껏 당신이 '장사는 무조건 목 좋은 자리에서 시작해야 한다'며 유동인구 많은 지역만 찾아보려고 애썼다면 이제부터라도 생각을 한번 뒤집어보자.

상품도 적고 정보도 얻기 어려운 때에는 시내에 나간 김에, 다른 일을 보는 김에 쇼핑을 했다. 하지만 요즘 사람들은 시간이 없어도 절대 함부로 지갑을 열지 않는다. 인터넷으로 가격 비교를 해보고, 실제 가게에 가서 샘플을 써보고 나서 지갑을 열지 말지 결정한다. 구매를 했다고 하더라도 상품이 자기 마음에 안 들면 교환하고 반품하는 시대다. 더 이상 길목에 목숨 걸지 마라.

'집 근처 슈퍼에서 750원짜리 우유 하나를 사더라도 신용카드로 사야지. 그리고 마일리지 쌓는 것도 잊지 말고.'

지금은 '소비자 스스로 현명하게 소비했다'고 여기게 만들어야 돈을 버는 시대다. 사람들에게 무조건 내 물건부터 보라고 할 게 아니라 '볼일 다 보시고 지나가는 길에 내 물건 보게 되면 살지 말지 찬찬히 생각해 보세요'라고 해야 한다. 그리고 '우리 가게엔 이런 물건들이 있으니까 모양도 보시고 가격도 보시고 마음에 들 때까지 찬찬히 생각하고 쇼핑하세요' 해야 한다.

껌 하나를 사더라도 신용카드를 내미는 손님들, 슈퍼에서 라면 한 개를 사더라도 마일리지 올려달라고 고객번호를 부르는 사람들이다. 당신의 가게는 더 이상 물건을 싸게 파는 게 중요한 게 아니다. 장사는 똑똑한 사람들을 만나는 직업이 된지 오래다. 좋은 물건 싸게 파는 게 중요한 게 아니라 (게다가 요즘엔 다 좋은 물건이다), 똑똑한 소비자를 당신 편으로 만들어야 하는 시대다. 당신이 가게를 운영하는 게 아니라 손님들이 똑똑해서 찾아오는 가게가 되어야 한다.

"시부야에도 있군요."

일본에서 만나는 향기 트렌드가 있다. 시부야109 패션몰 외에도, 시부야 거리에는 나만의 개성을 발견할 수 있는 즐거움이 있는데, 그곳에는 여자들을 위한 향기 가게가 있다. 시각을 사로잡는 패션 아이템들이 즐비한 시부야 거리에서 지나다니는 사람들의 코를 먼저 자극하는 곳, 천연비누를 파는 가게다. 코를 통해 가게를 발견하고 피부를 위해 계속 찾게 되는 가게인 셈이다. 시부야109 쇼핑몰에 들러 패션에 취했다면 지하철을 타러 가기 전 거리에서 이 가게에 들러 나만의 향기를 찾아볼 수 있다.

국내에는 2002년에 진출하여 각 백화점이나 핫플레이스에 영업 중이기도 한 이 브랜드는 유기농 과일·채소와 자연치유 효과가 있다고 알려진 식물을 이용해서 만드는 천연 화장품이다. 70% 이상의 제품에 방부제를 사용하지 않는다. 일본과 국내에 들어와 있지만 '영국계 핸드메이드 화장품 브랜드'라는 점을 아는 이는 그렇게 많지 않다.

오사카 본사에서 도쿄로 출장을 온 미즈하라와 시부야에서 만나기로 했다. JR 시부야역 앞에서 만나기로 해놓고 약속시간이 임박해서도 나타나지 않아 전화를 걸었다.

그런데 시부야에 너무 일찍 도착해서 나를 만나기 전까지 바로 앞 시부야109 쇼핑몰에 들러 시장조사를 하고 있다는 게 아닌가? 마침 전화를 받자마자 쇼핑몰에서 나와 역으로 가려는 중이었다고 했다.

"시부야109에서 쇼핑을 하고 시부야역으로 가기 전에 들러 향기를 쇼핑하라? 가게 위치가 제대로인데요! 시부야109 건물 출구와 이어져 있고 JR 시부야역으로 향하는 길목이에요. 지하도 출입구 바로 앞이라서 다른 곳에서 건너온 사람들도 이 가게 앞을 지나쳐야만 시부야109 건물로 들어갈 수 있어요. 쇼핑 아이템이 의류나 잡화랑 겹치지도 않고요. 이런 곳에 제가 근무하는 회사도 샵을 열 수 있으면 좋겠어요."

나는 JR 시부야역 앞, 미즈하라는 시부야109 쇼핑몰에서 나와 역쪽으로 오는 중이었다. 미즈하라는 전화를 끊지 않은 상태에서 계속 이야기를 했다.

"가게 앞에 비누거품이 뿜어져나오는 기계를 설치해놨어요. 향기도 나오고 있고요. 외출하면 먼지도 많고 위생상 마스크를 하고 다니는 사람들도 거리에 많은데 이걸 보면 진짜 몇 개 사서 씻고 싶겠는데요? 출입구도 이면도로 진입로쪽으로 한 개, 거리쪽으로 한 개씩 있고요, 가게 벽은 통유리로 해서 안이 다 보여요.

오오, 이런. 직원들은 마치 씻을 준비를 하는 것처럼 옷을 입었어요. 비누를 팔겠다는 게 아니라 '같이 씻자'는 거 같아요. 내가 직접 써봤더니 향기가 너무 좋고 촉촉해요. 대단해요! 요란한 광고 설명 없이도 손님이 스스로 생각하고 느끼게만 했는데 오히려 더 상품 홍보가 잘되는 거 같아요."

오사카에 소재지를 둔 미즈하라의 회사는 통신판매를 통해 유통하고 있는 화장품 및 이미용품 전문 업체다. 도쿄에 출장을 몇 번 왔지만 시부야에 들러 시장조사도 하고 업무 미팅을 갖는 건 처음이라고 했다.

이윽고 JR 시부야역 앞에 모습을 드러낸 미즈하라를 발견했다. 내가 손짓을 했더니 나를 발견한 그가 다가와서 인사를 했다.

"한국에선 홍대 주변 거리나 압구정동, 강남 지역 쪽에 이 가게가 있죠?"

정신이 번쩍 든 순간이었다.

'이 남자 뭐지? 일하러 만난 게 아니라 일하면서 만난 거네?'

미즈하라는 나를 만난 시점부터 일을 시작한 게 아니었다. 나를 만나러 오기 전부터 일하는 중이었다. 우린 전화로 업무에 관한 대화를 나눈 셈이다. 미즈하라는 실수로 전화를 안 끊은 게 아니었다. 길을 찾기 위해, 나를 쉽게 찾기 위해 전화를 안 끊은 것도 아니었다. 전화로 나와 일하는 중이었다.

미즈하라는 자기가 하는 일이니 어딜 가든 상권분석부터 하는구나 싶었다. 그래도 오사카에서 일하면서 도쿄 출장도 고작 손에 꼽을 정도라는 그였으므로 한국 관련 정보까지 알고 있으리라곤 내심 기대하지 않았던 터였다. 미즈하라는 시부야109는 물론이고 한국의 강남과 홍대지역 상권도 이미 아는 눈치였다.

미즈하라는 담배를 재떨이에 부비며 불을 껐다. 나는 미즈하라와 함께 하치코 동상을 지나 시부야109 건물 맞은편 식당 건물로 향했다. 점심시간을 조금 넘긴 무렵이었다. 미즈하라는 걸어가며 이야기했다.

"시부야 샵에 대한 정보는 인터넷 뉴스나 블로그를 보면 대부분 검색이 되죠. 그런데 여기까진 누구나 아는 정보라는 거죠. 나만의 정보가 될 수 없고요. 그럼 어떻게 해야 나만의 정보를 얻게 될까요? 누군가에게 제 생각을 정리해서 말하고 또 의견을 물어보는 거예요. 그것을 바탕으로 조금 더 깊이 정보를 파고들어요. 일본인다운 일본식 정보 찾기라고 할까요? 외부에서 온 정보를 좋아하지만요, 그걸 받아들이기까진 같은 섬나라 사람들끼리 의견을 주고받으며 굉장히 오랜 시간을 궁리하죠. 이게 내게 어떤 의미일까? 이 정보가 좋은지 나쁜지 다른 사람은 어떻게 생각할까? 이게 다른 사람에겐 어떤 의미일까?"

미즈하라는 일본인 특유의 습성으로 어떤 정보에 대해서 깊게 파고드는, 그러니까 최종적으로 '내 정보다!'라고 판단하기 전까지 오랜 시간 재확인하고, 주위에 확인하고 또 반복확인 검증하는 과정을 거친다는 이야기를 하는 중이었다. 미즈하라에겐 남들에겐 없는 정보인맥이 있는 게 아니라 정보를 가공하고 다듬는 훈련이 되어 있다는 의미였다.

성공전략 ❶

메뉴를 읽지 못해도 음식을 시킬 수 있다

딩동!

경쾌한 벨소리가 나더니 엘리베이터 문이 열렸다. 다행이었다. 미즈하라의 질문에 대답할 시간적 여유가 생겼다.

"자, 어떤 메뉴를 골라 볼까요?"

식당 앞에 서서 진열대에 놓인 음식 모형을 보며 말했다. 미즈하라는 내 옆에 서서 교토 음식 중에 하나를 골랐다. 나는 우동을 골랐다. 새우튀김을 얹은 메뉴였다.

"일본인들이 실패를 싫어한다는 이야기가 맞는 거 같아요. 이렇게 음식 모형이라도 보여주면서 어떻게 음식이 나올지 손님들에게 알려주는 거잖아요?"

내가 미즈하라에게 말했다. 미즈하라는 들고 있던 가방을 옆에 있는 의자에 올려놓고 미소 띤 얼굴로 이야기를 꺼냈다.

"일본인들은 철저한 국민성으로 인정받는다? 반드시 그렇진 않아요. 우리는 실패가 두려울 뿐이죠. 여기 보세요. 시부야처럼 세계에서 온 관광객들이 넘치는 중심지 건물 곳곳에 식당가가 들어섰죠. 얼핏 보면 세계 사람들의 다양한 입맛을 배려해주며 수많은 음식 종류를 파는 것 같지만 그 안엔 정작 일본의 음식만으로 승부하겠다는 확고한 자존심이 없어요."

미즈하라는 테이블 위에 놓인 물컵을 들어 한 모금 마시고 내려놓았다.

"음식 모형이 등장한 건 1923년이에요. 밀랍인형을 만드는 기술을 활용한 거죠. 이걸 사업화한 사람은 이와사키류조인데요, 그때가 아마 1930대일 거예요."

"꽤 오래됐네요?"

"네. 그런데 재밌는 게 여기에도 있는데요, 이런 음식 모형 만드는 교본이 아직도 없다는 거예요. 이걸 만드는 사람들이 저마다 기술을 적용해서 자기만의 방법으로 만든다는 거죠. 특히 생선이나 초밥, 맥주 거품처럼 소리나 향기가 느껴질 정도로 실물과 똑같은 모형을 만드는 게 제일 어렵다고 해요."

내가 창가쪽, 미즈하라가 출입문을 등지고 향한 상태였다. 나는 미즈하라 어깨 너머로 주방에서 음식이 나오는 걸 발견했다. 내가 식당 내부를 여기저기 둘러보자 미즈하라가 말한다.

"음식 모형의 또 하나의 단점, 실제 모양은 볼 수 있어도 '맛'은 모른다는 거죠. 이제 우리가 맛을 볼 차례네요. 모든 식당들이 내부 인테리어에 신경을 쓸 수는 없죠. 프랜차이즈 가게들도 많지만 테이블 위치나 메뉴판 구성, 서비스하는 직원들 의상이나 헤어스타일, 가게 현관, 주위 상권에서 사람들 눈에 잘 띄는 가게 꾸미기는 어쩌면 쉬운 건 아니죠. 특히 식당을 하는 입장에선 제일 중요한 게 맛이잖아요? 그 맛을 사람들이 기억하고 다시 찾아오게 하는 게 필요한데 이때 음식 모형이 필요한 거 같아요. 식당 인테리어는 대부분 비슷비슷하거든요. 거기서 전략을 짜내는 것이 어렵다면 맛과 음식 모양을 알리는 게 중요하겠죠."

가게 직원이 우리가 주문한 음식을 가져와 테이블 위에 올려 주었다. 음식을 보며 양손을 모아 '잘 먹겠습니다!'라고 말하고 나서야 양손으로 젓가락을 펼쳐 드는 미즈하라의 모습을 보며 '매우 일본스럽다'는 생각이 들었다.

쿠루메 식당가의 장점 이야기가 아니다. 식당에서 음식 모형을 가게 앞에 내놓는 건 단순히 우리 가게가 어떤 음식을 판다는 의미가 아니다. 사실 사람들은 내가 먹으려는 음식이 어떤 모양인지 모르는 게 아니다. 된장찌개가 어떻게 생겼는지 모르는 사람이 없는 것처럼 말이다. 그럼에도 사람들은 된장찌개를 먹고 싶을 때 고민한다.

'어느 식당에 갈까?'

왜 그럴까? 그들이 아는 된장찌개는 있는데 그 맛이나 모양이 언뜻 잘 기억나지 않아서다. 이때 예전에 가봤던 식당에서 본 된장찌개 모형이 있다면? 당연히 기억하기가 쉽다. 다른 곳은 된장찌개라는 간판이나 메뉴판만 있었는데 그 가게에선 된장찌개 모형이 있어서 미리 모양을 보고 주문했던 기억이 난다. 왠지 그 식당 된장찌개엔 믿음을 가졌던 기억도 떠오른다.

'얼마나 자신 있으면 된장찌개 모형을 만들어 놓고 사람들에게 미리 보여주고 팔까?'

성공전략 ❷

맛으로 기억하지 못하면 모양으로라도 기억하게 하라

미즈하라가 말했다.

"음식 모형은 맛을 볼 수 없다는 게 단점인데, 음식 모형을 내놓으면 사람들이 시각으로 먼저 보잖아요? 어느 날 새우덮밥을 먹고 싶은데 그 맛이 잘 떠오르지 않을 때가 있어요. 새우덮밥이라고 하면 어렸을 때부터 먹었던 음식이라서 익숙한데도 막상 그 맛을 기억하려면 잘 기억나지 않죠. 맛이란 게 미각이라서 입안에 들어와야 기억나지 머릿속에서 그려지는 그런 감각이 아니잖아요? 그걸 보면 음식 모형은 진짜 식당 마케팅에 딱인 거 같아요. 사람들이 음식을 시각으로 기억하게 해주니까요. 새우덮밥을 먹고 싶을 때 혀로 맛을 기억하는 게 아니라 그 모양을 기억할 수 있으니까요. 그런 의미에서 이 가게는 그래서 오늘 100점이에요. 가게 앞에 음식 모형이랑 지금 내가 먹는 새우덮밥이랑 모양이 똑같아요. 그리고 맛은 기대한 것 이상이에요. 아까 모형을 보며 눈(시각)으로 한 번 먹고 지금 입(미각)으로 또 한 번 먹으니까 내 몸에서 두 번 인식해서 그런가 봐요."

미즈하라의 이야기가 맞다.

식당에서 음식 모형을 내놓는 이유는 손님들에게 '우리 가게에서 먹은 음식을 맛으로 기억하지 못하면 모양으로라도 기억해주세요'라는 의미가 있다. 사람들이 '맛을 기억하고 찾아가는 식당'이 얼마나 되겠는가? 최소한 음식 모양을 기억하고 찾아오는 식당이 되겠다는 의미이기도 하다. 음식 모형이 실제 가게에서 파는 메뉴랑 똑같아야 함은 물론이다. 모형과 실제 음식이 다르면 손님들은 배신당한 기분이 들테니까.

그래서 생각해보면 된장찌개라고 해도 식당마다 그 모양이 다른 걸 알게 된다. 순두부찌개라고 해서 똑같은 모양이 아니다. 김치찌개도 마찬가지다. 식당마다 재료도 다르고 재료 놓는 위치도 다르다. 음식을 파는데 '맛만 있으면 돼!'라고 말하면 안 되는 시대라는 걸 알게 된다. 식당을 하려면 맛도 모양도 내세워야 하는 시대다. 맛으로 기억되는 식당이 아니라 모양으로도 기억되는 식당이어야 한다는 얘기다.

지금 식당을 운영하는 중인가? 당신 가게에서 파는 음식 모양을 생각해보자. 사장이라고 하더라도 자기 식당에서 파는 음식 모양을 제대로 그려낼 수 있는 경우는 별로 없다. 사장이 그런데 하물며 손님들은 어떨까?

방금 미즈하라가 음식을 앞에 두고 '잘 먹겠습니다'라고 말하며 젓가락을 들던 손동작은 예전에 일본에서 먹고 살기 어려웠던 시절, 태풍이나 지진으로 농작물 재배가 어렵고 먹거리가 부족했던 시절에 일본인이 음식에 감사함을 표현하는 행동이었다. 그런데 그로부터 몇 세대가 지나고 각종 음식이 풍부한 요즘도 음식을 앞에 두고 '잘 먹겠습니다!'라고 외치는 이들이 많다.

일본인의 모습은 일본 음식 중 '아부라 사바'와 '가라아게'와 닮아 있다. '아부라油 사바鯖'는 고등어를 살짝 데친 요리이다. 그런데 이걸 한국인 입맛에는 '회'도 아닌 것이, 그렇다고 '조림'도 아닌 이런 걸 왜 먹을까 싶은 생각이 드는 메뉴인데 일본인들은 이 요리를 즐기니 말이다.

'가라아게空揚げ 또는 唐揚げ'라는 건 튀김옷을 뺀 튀김을 말하는데 치킨가라아게란 통닭에 일본 양념가루 시치미七味를 버무려 술안주로 먹는 요리다. 통닭이 부직포 같은 봉투에 나오고 옆에 양념이 따로 나오면 이 둘을 섞어 잘 흔들어서 제대로 섞였다 싶을 때 꺼내어 먹는 메뉴다. 한국인 입장에서 보면 익숙치 않은 메뉴다.

그래서 어찌 보면 '아부라 사바'와 '가라아게'야말로 일본인의 본모습을 나타내주는 음식이다. 완전히 익지도 않지만 그렇다고 날 것도 아닌 음식을 좋아하는 일본인이라면 말이다. 제대로 익히기까지 시간이 걸리고, 날 것으로 먹기엔 찝찝해하는 영락없는 일본의 모습이다. 치킨가라아게는 그들 나름의 양념을 준비해서 어딘가에 숨겨 잘 흔들어서 만든 다음에야 남들 앞에 꺼내놓는 모습이라서 그렇다.

우스개일 수도 있지만 일본어 중에 '고등어鯖'를 반복해서 붙여 말하면 '사바사바鯖鯖, さばさば'란 단어가 된다. 당당하지 못하게 일을 처리하는 모양

을 빗대는 말이다. 일례로 조선시대에 일본인이 일본에서 당시에 귀한 생선인 고등어 2마리를 들고 관청에 일을 부탁하러 왔는데 이 일본인에게 갖고 가는 게 뭐냐고 묻자 대답하기를 '사바'라고 했다는 데서 비롯된 표현이라고 전해진다.

장사는 사람을 움직이게 하는 직업이다

매일 똑같은 사람들만 오는 가게가 아니라면 장사를 하는 직원들이나 사업자도 매일 다른 사람들과 어울릴 수 있는 마음이 되어야만 한다. 내가 좋아하는 스타일의 손님에게만 잘해주고 반찬도 하나 더 주고 싶다면 장사를 해선 안 된다. 그리고 내 기분이 우울하다고 해서 가게에 오는 손님들도 우울하게 만드는 가게가 되어선 안 된다. 누가 오더라도 즐겁고 행복한 기억을 남겨줘야 한다. 그래서 장사를 할 때는 어떤 가게를 하더라도 '맛' 외에 다른 '오리지널'이 없어야 한다.

그런데 다양성이 있다는 건 장점이 아니다. 식당의 경우를 생각해보자. 음식의 종류가 많아도 장점보다는 단점이 된다. 다양한 손님들의 입맛을 맞추겠다고 모든 메뉴를 다 만들어 팔면 그 가게에 음식 맛을 누가 신뢰할까?

어느 주방장이 한식, 양식, 일식, 중식을 배워서 모두 자격증이 있다고 해보자. 그 가게 사장은 간판을 내걸어 온갖 메뉴를 다 적어놨다. 삼계탕, 설렁탕, 짜장면, 탕수육, 복어회, 초밥, 비빔밥, 까르보나라, 스파게티, 돈가스 등 간판에 여백이 잘 안 보일 정도로 메뉴를 채웠다고 하자. 당신이라면 그 식당에서 만드는 음식의 맛을 기대할 수 있겠는가?

'가게'는 그 자체가 '하나의 아이템'을 주력해야 된다는 점을 기억하자. 단, 직원들과 가게 사장은 모든 손님들을 응대할 수 있는 다양한 배려심을 가져야만 한다. 장사란 결국 사람들을 움직이게 하는 직업이기 때문이다. 우리 가게로 손님들이 오도록 만드는 직업이고, 사람들이 우리 가게를 기억하도록 만드는 직업이다.

info

구루메타운

진열대에 들어간 음식

일본의 식당은 일본어를 몰라도 걱정할 필요가 없다? 맞다. 주택가 골목에 자리 잡은 선술집의 경우엔 일본어로 된 메뉴만 걸어두고 지역 동네 사람들의 여흥을 나누기 때문에 그림이나 영어표기가 없지만, 시내 대부분의 식당엔 음식 모형을 만들어 전시하거나 메뉴판에 음식 사진을 넣어두어 일본어를 모르는 사람들일지라도 손쉽게 주문할 수 있도록 돕는다. 세계에서 관광객이 몰려드는 시내 중심지는 말할 것도 없다. 거리에 식당들이 곳곳에 즐비하지만 특히 '구루메타운'이라는 식당가를 추천한다.

15
트렌드도 비껴가는 인기 가게의 비밀

뭔가 특별해야 한다는 생각은 가게 주인만의 고집일 수 있다. 오히려 평범함 속에서 비범함이 나오는 경우도 있다. 가령, 맥주집을 여는데 주위 가게가 500cc 한 잔에 3000원을 받는다고 하자. 당신도 '그럼 우리 가게도 똑같이 받아야지!' 할 건가, 아니면 '우리 가게는 2500원을 받아야지!' 할 건가? 아니면 한 잔에 3000원! 두 잔에 5000원 할 건가? 당신 가게의 '비범함'이란 차별화는 이처럼 특별하지 않은 곳에서도 나올 수 있다.

〈한 사람당 술 한 병만 파는 가게〉

예를 들면 이런 가게가 있다. 가게 주인의 말로는 한 사람이 한 병 이상을 마시면 술에 취해 뒤치다꺼리하는 게 일이라서 정했다는데, 이것이 술을 좋아하는 사람들이 들어오긴 어렵지만 술을 잘 못 마시는 사람들이 들어오기엔 좋은 가게로 소문나는 계기가 되었다. 생각해 보면, 세상엔 술 잘 마시는 사람보다 술을 못 마시는 사람들이 많다. 술자리에 가서도 술을 부어라 마셔라 하는 사람이 있는가 하면, 술 한잔 놓고 어쩔줄 몰라 하는 사람들도 있다. 이들에게 딱 좋은 가게가 아닐 수 없다.

이처럼 술을 파는 가게라고 해도 술 잘 마시는 사람들만 손님이 되는 게 아니다. 옷가게라고 해서 옷을 잘 입는 사람만 고객이 되는 게 아닌 것과 같다. 당신이 술집을 한다면 누구를 상대로 장사했는지 생각해보자. 단순히 술자리가 좋아서 어울리는 사람, 술이 좋아서 술을 마시려는 사람, 술은 못 마시지만 어쩔 수 없이 따라다니는 사람들도 많다. 당신의 고객은 누구였을까?

술집을 하더라도 반드시 술을 잘 마시는 사람을 상대로 해야 하는 것이 아니다. 술집에 오는 사람들을 대상으로 장사를 해야 한다. 술을 많이 마실 사람들은 반드시 당신 가게에 올 필요는 없다. 하지만 그들이 당신 가게에 오게 하려면 뭐가 필요할까? 트렌드가 필요한 순간이다. 그들을 자연스럽게 당신 가게로 오게 하는 방법은 대단한 전략이 아니라 500원 저렴한 메뉴만으로도 충분할 때가 많다.

"조금만 쉬었다가 해요."

후미코가 재촉했다. 일본 시내에 촬영 때문에 나온 날이였는데, 예쁘게 보일 거라는 일념하에 하이힐을 신고 나온 것이 화근이었다. 촬영을 하지 않고 이동하는 시간엔 운동화를 신으라는 내 충고를 깜빡한 결과였다. 그렇게 오래 걸을지 몰라서 그랬다는데, 정해진 촬영 시간 때문에 발이 안 아플 때까지 마냥 쉴 수도 없는 노릇이어서 난감했다. 새 시즌을 앞두고 신인모델과 촬영을 하다 보면 번번이 생기는 에피소드다.

"알았어. 신주쿠로 이동할 거니까 조금 쉬게."

후미코는 내 말을 듣자마자 주위에 앉을 의자부터 찾는 듯했다.

그런데 막상 의자도 없고 어디 들어가서 쉴 만한 커피샵도 없다는 걸 알자 보도블록 옆 벽에 조금 튀어나온 돌장식에 걸터앉아 얼른 하이힐부터 벗었다. 양쪽 발가락이 구두 앞쪽으로 모여 빨갛게 부어올라 많이 아파 보였다.

"안되겠다. 후미코! 오늘은 여기까지만 촬영할 거니까 쉬어도 돼. 내일 다시 하자."

그 상태 그대로는 촬영할 수 없을 것 같았다. 촬영 일정이 촉박하긴 했지만 모델의 상태까지 무시하며 독촉할 순 없었다. 모델의 얼굴만 나오는 화보 촬영이라고 하더라도 그 눈빛마저 감출 순 없는 게 이 일이었다. 발이 불편한 모델이 행복한 표정을 짓는다고 카메라 앞에 섰을 때 그 느낌이 소비자들에게 전달될 수 있을까? 안될 말이었다.

"어, 코스프레다! 와후!"

촬영을 쉬기로 하고 후미코랑 크레페를 하나씩 사서 먹으며 걷고 있었다. 후미코가 내게 팔을 쑥 뻗었다. 크레페를 잠깐 들고 있어 달라는 얘기였다. 방금 전까진 힐을 신고 다녔더니 다리가 아파 촬영을 조금만 늦출 수 없겠냐는 눈빛을 보낸 사람 맞나? 크레페를 내게 잠시 맡긴 후미코는 얼른 카메라를 꺼내서 골목 안을 지나가는 코스프레 일행을 찍기 시작했다.

"저 캐릭터는 제가 좋아하는 캐릭터예요. 저도 코스프레 해본 적 있는데 고등학생 때 잠깐 해보고 이젠 안 해요."

"일본에서는 학생 뿐만 아니라 성인들도 많이 하지 않아?"

"네. 맞아요. 아저씨들이 여장을 하거나 캐릭터 코스프레 하는 사람들도 많아요. 그냥 저 사람은 저 캐릭터를 따라하는구나 그렇게 보죠. 보통은 일요일에 아키하바라秋葉原에서 하는데 하라주쿠에 왔네? 신기하다."

"완전 키모카와きもかわ하지?"

"네! 키모카와きもかわ!"

후미코가 환하게 웃었다.

모델 촬영을 할 때는 메이크업과 의상, 포즈 등이 프로페셔널한 전문 모델이지만 크레페를 들고 걸어 다니며 하라주쿠를 구경하다가 코스프레 일행을 보며 사진을 찍고 즐거워하는 모습은 20대 초반의 평범한 대학생일 뿐이었다.

키모카와きもかわ란 키모카와이이気持ちが 悪くて かわいい의 줄임 표현으로 '기분은 나쁜데 귀엽다'라는 뜻이다. 선뜻 마음이 내키진 않지만 귀엽다는 의미인데, 일본 젊은이들 사이에서 유행하는 조합어다. 코스프레를 하려고 마음먹었을 때는 선뜻 내키진 않았지만, 자기가 좋아하는 캐릭터로 변신하고 난 뒤에는 귀여워 보일 때 쓰기도 한다. 2010년 이후로 일본 젊은이들 사이에서 유행하는 표현이다.

성공전략 ❶

세계 트렌드와 전통 고유의 맛을 섞는다

"크레페를 먹었더니 기분이 좋아졌어요. 와타미에서 생맥주랑 맛있는 요리를 먹는 기분에요. 참, 우리 오늘 촬영 마치고 와타미 안 가요? 생맥주 마시면 오늘처럼 더운 날 진짜 스트레스도 풀고 딱 좋을 텐데!"

"후미코도 와타미를 알아? 술은 잘 못한다며?"

"와타미는 요리가 맛있어요. 가격도 저처럼 대학생들이 가기에 부담이 없고요. 술은 잘 못 먹지만 생맥주 한잔은 가능해요."

그러고 보면, 일본인은 무조건 작게 만들려는 성향보다는 뒤섞고 혼합하려는 성향이 강하다는 느낌을 받는다. 코스프레를 통해 실제 생활과 가상의 캐릭터로서의 삶을 섞는 것, 쇼핑하다가 크레페를 먹는 하라주쿠 거리의 인상, 명품 거리로 유명한 긴자銀座를 걷다 보면 한쪽 골목 안에 자리 잡은 이자카야 '와타미和民'가 있는 점 모두가 그렇다.

와타미는 술과 음식을 팔기 때문에 정통 일본식 이자카야라고 부르기도 애매하지만, 술집과 레스토랑 중간 정도의 식당이라고 생각하면 적합한 곳이다. 그리고 어쩌면 일본인들의 '뒤섞임' 문화를 제대로 파고든 게 와타미의 전략이 아닐까? 하는 생각도 든다.

'기분은 좋으면서도 나쁘다'란 말이 유행하고, 눈으로 보는 패션과 입으로 먹는 크레페가 공존하는 거리, 게다가 만화와 현실 속 코스프레에 이어 고층빌딩 도심 한가운데에 일본식 전통 주점으로 말이다. 극명한 대비를 이루면 오히려 무감각해지는 사람들의 습성을 파고들었을 수도 있다. 도쿄는 세계 최대의 번화가이지만 일본에서도 시골 출신 이주민들이 많고, 세계 트랜드에 맞춰 일본식 전통 고유의 맛을 끼워 넣었다는 느낌을 갖게 되는 점 때문이다.

와타미는 그래서 현대화된 일본 속에서 전통을 유지하려는 일본인들의 마음이기도 했다. 매일 아침 빵과 커피로 식사를 하고 브런치 카페가 수두룩하게 많은 일본이었지만 그 안에서 일본 전통의 맛을 즐기는 사람들의 식성을 만족시켜 준다고 할까? 명품이 즐비한 긴자 거리에서 와타미를 만날 수 있는 이유이기도 하다.

물론 와타미에 가보면 일본 여성이 오비 차림으로, 일본 남자가 훈도시 차림으로 등장할 것만 같은 공간은 아니다. 쾌적한 실내공간에 나무색 인테리어가 가득한 숲의 어느 그루터기를 테이블 삼아 앉아서 여러 가지 음식을 맛볼 수 있는 느낌이다. 일본 고유의 민속주점보다는 퓨전민속주점이라는 표현이 더 잘 어울리는 곳이다. 가격이 비싸지 않고 저렴하면서 맛깔난 메뉴를 즐길 수 있는 곳이다.

성공전략 ❷

자리를 내세워라

명품 브랜드가 즐비한 긴자에서 만나는 저렴한 술집 '와타미'는 분위기대로 느끼고, 식사는 저렴하게 할 수 있는 최고의 장소다. 그래서 시각은 명품으로 즐기면서 미각은 와타미에서 즐긴다는 콘셉트가 돋보인다. 이 점에서도 서로 혼합하려는 퓨전의 성향이 보이지 않는가?

20대 초반의 후미코가 와타미를 즐긴다는 걸 보면, 저렴한 가격과 깔끔한 인테리어로 일본 내에서도 인기를 더해가는 와타미의 장점을 충분히 알 수 있다. 트렌드에 민감한 세대들도 기꺼이 기억하는 곳, 그보다 나이 든 직장인들도 찾기에 편안한 곳이다.

"후미코는 와타미가 왜 좋아?"

그날 저녁, 촬영을 마치고 무더운 밖을 피해 잠시 들린 와타미에서 후미코에게 물었다.

"왜 좋냐고요? 음, 그건 생각 안 해봤는데요."

"그럼 다시 물어볼까? 후미코는 와타미 하면 뭐가 떠올라?"

"와타미? 그냥 생맥주랑 그리고 저렴한 메뉴?"

"와타미란 가게에 대해선 뭔가 딱 하고 떠오르는 그런 이미지는 없고?"

"글쎄요? 외국인들에겐 와타미 하면 일본식 주점이니까 색다르게 보일 순 있지만 일본인들에겐 단지 '일본 맛'이란 느낌이거든요. 한국에도 그런 거 있지 않아요? '한국 맛'이란 가게가 있으면 한국인들이 갖는 이미지요. 그거랑 같을 거 같아요."

후미코는 미간을 찌푸려가며 내 질문에 신중하게 대답을 해주려는 모습이었다. 물론 그 동작은 나와 대화를 하려는 여성의 배려 그 이상도 이하도 아니었지만 말이다.

후미코의 이야기를 빌지 않아도 와타미는 누가 보더라도 인기를 끌 수밖에 없는 곳이었다. 3000원짜리 생맥주 한 잔 가격이 대부분인 곳에서 2500원에 파는 가게란 느낌과 같다. 15,000원짜리 안주가 대부분인 가게들 사이에서 10,000원짜리 안주를 파는 가게란 이미지이기도 했다. 가격이 저렴하지만 인테리어랑 시설, 가게 안에 분위기는 여느 다른 가게랑 비교해도 부족하지 않은 곳, 와타미의 장점이자 매력이었다.

그리고 하나 더 추가하자면 '손님들의 머릿속과 시선을 사로잡는 치밀한 전략'이 없는 곳이었다. 한번이라도 들어와 본 기억이 있는 사람이라면 다시 찾게 되는 곳 와타미에는 '앉을 자리'가 전부였다. 앉을 자리가 필요한 사람들이라면 누구나 와서 자리를 차지하고 부담 없이 술과 안주를 나누며 일행들과 어울릴 수 있는 곳이란 이미지다. 지극히 평범하면서도 다른 가게들과 비교될 수 있는 강력한 무기로 '자리'를 내세우는 전략이었다.

성공전략 ❸

부담 없는 가격, 평범함 속에서 비범함을 추구한다

와타미라가 유명한 이유는 전략적인 인테리어나 특정한 고유의 맛을 내세우는 메뉴 때문이 아니다. 한국으로 비유하자면 '현대식 인테리어를 갖춘 저렴한 메뉴의 민속주점'이라고 말할 수 있겠다. 조금 더 과장하자면 IT회사에서 일하다가 햄버거나 샌드위치를 먹는 게 아니라 새참을 먹게 되는 일과 같겠다.

사회 초년생들과 대학생들을 상대로 하는 가게다. 고객층이 뚜렷하다 보니 기성세대가 즐기는 가격 비싼 곳과 분위기는 비슷하되 주머니 사정이 가벼운 세대에게 어필할 수 있는 저렴한 가격이 특징이다. 평범함 속에서 비범함을 추구하는 세대에게 앞으로도 꾸준한 인기를 받을 곳인 게 분명하다.

info

와타미

저렴한 가격만으로도 충분히 명품

일본에 있다면 와타미에 들러 일본식 이자카야의 맛을 느껴보는 것도 잊지 못할 추억이 된다. 특정 지역에 자리 잡은 명소가 아니라 일본 곳곳에서 만날 수 있는 주점이다. '일본의 맛'이란 의미의 '와타미'는 갖가지 메뉴를 즐길 수 있으며 일본 특유의 시원한 생맥주 맛을 유감없이 맛볼 수 있는 곳이다.

저렴한 가격과 갖가지 메뉴로 일본인들에게 인기를 얻으며 급성장하고 있는 와타미는 깨끗한 일본식 실내 인테리어, 넉넉한 테이블 공간, 아기자기한 그릇, 시원한 생맥주로 누구에게나 인기를 얻고 있다.

16

사람을 지킵니다

가게를 열면서 테이블 회전율을 따지게 된다. 좁은 가게일수록 하루에 손님이 몇 명이 와야 수지타산이 맞는다는 계산을 해본다. 한 테이블에 몇 명이 왔다 가야 기대 매출이 얼마고 거기서 이윤이 얼마 남는가. 손님이 많이 오고 많이 나가면 기분이 좋지만, 손님이 적고 매출이 안 오르면 고민에 빠진다.

반면 손님들은 가게의 회전율을 생각하지 않는다. 그들이 그 가게에 온 이유는 일행들과 대화를 즐기거나 간단한 식사를 하기 위해서인 경우가 대부분이다. 대부분의 식당이 밤 10시엔 문을 닫고 영업을 마치지만 손님들의 이야기는 언제나 그렇듯 자정이 넘도록 쉽게 끝날 기미가 안 보인다.

그렇다고 주문을 더 하는 것도 아니라면, 당신의 가게에선 그동안 어떻게 했는가? 당신은 그 가게에서 돈을 버는 대신 인심을 잃진 않았는지 생각해보자.

장사가 잘되던 가게인데 어느 날부터 손님이 하나둘 줄더니 적자가 생기고 결국엔 문 닫을까 고민하는 지경에 이르렀다. 출구는 어디에 있는가. 가게는 돈을 끌어모으는 곳이 아니라 사람들이 찾아오는 곳이다.

성공전략 ❶

한정된 재료, 선택받으려는 본능

여기 수제 햄버거를 파는 가게가 있다. 재료가 떨어지면 더 이상 장사를 안 한다. 신선한 재료만 공급하겠다는 원칙이라고 했다.

'돈을 더 벌면 좋은 거 아닌가?'

돈을 몇 푼 더 벌 수 있을지 몰라도 가게에 대한 신뢰를 잃기 싫다는 원칙으로 느껴졌다. 이 가게에 불이 켜졌다는 건 그때까지 손님이 있다는 표시였다. 사람들은 햄버거를 신선한 재료로 만들어 파는 가게에 온다.

우에노에서 내려 숙소로 갈 때 지나가는 길에서 만나는 가게다. 수제 햄버거를 파는 곳. 가게 안은 그렇게 크지 않은 곳인데 안에 들어가보면 항상 손님들이 있었다. 요란한 인테리어가 있는 곳이 아니면서도 가게 안에 들어서면 왠지 모르게 사람을 푸근히 감싸는 기분이 들었다. 패스트푸드점이 아니라 휴일에 엄마가 해주는 간식을 먹을 수 있는 곳이라고 할까? 도쿄 시내 주택가 인근에 자리 잡은 수제 햄버거 가게에 손님들이 몰리는 이유였다.

주택가와 인근 지하철역 사이 도로변에 위치한 덕분인지 이른 아침엔 정장 차림의 출근길 직장인들이 손님으로 왔고, 오후엔 인근 학교에 다니는 학생들이 손님으로 들어왔다. 저녁엔 나처럼 외국인이 간식거리를 사먹으려고 오는가 싶었는데 그 생각도 잠시, 수제 햄버거 가게는 준비한 재료를 다 팔면 문을 닫았다.

대기업에서 엄청난 재고를 준비하고 팔아대는 인스턴트 음식이 아니라, 정성된 재료로 한정된 손님에게만 햄버거를 파는 가게였다. 사람들이 자꾸

오는 이유는 선택받으려는 본능, 그러니까 신선한 재료의 햄버거를 맛보려는 사람들이었다.

"오늘 영업은 마치겠습니다."

성공전략 ❷

손님이 아닌 가족으로 오게 하라

햄버거 하나를 주문하더라도 손님이 식사를 다 마칠 때까지는 가게 문을 닫지 않았다. 손님들이 식사를 하든 말든, 대화를 하든 말든 이 가게는 언제 문 닫을 거니까 대충 정리하고 나가달라는 투로 이야기하는 가게들과는 전혀 다른 영업방식이었다. 마감 시간이 되어도 사람들이 나가지 않으면 주방에서 음식이 나오는 작은 틈을 통해 매서운 눈동자로 손님들을 쏘아보는 그런 사람들도 없었고, 쓰레기통을 치우면서 요란한 소리로 대화를 방해하는 그런 몰지각한 가게도 아니었다.

"즐거운 시간 되세요."

햄버거를 주문받아서 내주던 곳엔 인사를 마치고 어디론가 가버려 남은 직원이 없었지만, 가게 안엔 아직 대화를 끝내지 못한 손님들 한두 테이블이 남아 있는 상황, 그 어느 누구도 다가와서 나가달라고 말하지 않는 곳이었다. 오히려 손님들 대화에 방해가 될까 싶어 주의하는 듯한 움직임이 들리곤 했다. 햄버거를 만드는 주방쪽에서 식기 부딪히는 소리가 작게 들리다가도 바로 사라지곤 했다. 퇴근을 서두르는 직원들의 발걸음소리는 들리지조차 않았다.

이곳에서 파는 수제 햄버거는 인스턴트 음식도 아니고 패스트푸드도 아니었다. 가족들끼리 만들어 즐기는 행복한 간식이었다. 빨리 먹고 나가서 다른 손님 들어오게 해야만 되는 '손님이 미안한 곳'도 아니었다. 햄버거 하나를 주문하더라도 가게 안에서 편안하게 다 먹고 소화를 시킬 수 있는 분위기까지 신경 쓰는 가게였다. 햄버거 하나를 파는 게 중요하지 않고, 혼자 왔어도 충분히 즐기고 햄버거를 맛보고 소화까지 다하고 나갈 수 있는 곳이었다.

이곳 수제 햄버거 가게가 잘되는 이유가 다른데 있지 않았다. 그들은 이 가게에 손님으로 오는 게 아니라 가족으로 오는 듯했다. 식탁에서 햄버거를 먹을 때 흘리고 먹어도 혼내지 않는 엄마처럼, 밥 먹으면서 가족들끼리 재미있는 이야기에 시간 가는 줄 모르고 이야기해도 누가 먼저 이제 시간 됐으니 들어가서 자라고 말하지 않는 것과 같았다. 가게는 평수가 크지 않고 좁은 편이었지만 10여 개 되는 테이블이 모인 공간엔 손님 대신 가족들이 모여 자기들 이야기를 나누는 곳 같았다.

성공전략 ③

직접 만들어 먹는 느낌

수제 햄버거라고 해서 재료만 신선한 햄버거가 아니다. 주문 후에 주방에서 햄버거를 받아들고 테이블에 와서 앉으면 그 순간부터 손님이 직접 만들어 먹는 느낌이다. 초록색 인테리어 덕분에 마치 숲속에 앉은 기분도 든다. 패스트푸드점처럼 보일 수 있지만, 테이블마다 간격이 충분해서 바로 옆 테이블 사람들과 섞인다는 기분도 들지 않는다. 마치 숲속에 소풍 와서 내가 가져온 피크닉 바구니에서 꺼내 먹는 햄버거라고 할까?

만들어진 햄버거 패티나 소스를 받아서 뿌려 먹는 게 아니라 주문과 동시에 주방에서 만드는 재료를 받아서 즉석에서 만들어 먹는 햄버거인 셈이다. 재료를 준비하는 손만 다른 사람의 도움을 빌렸고, 햄버거를 고르고 재료를 받아서 먹는 순간은 오로지 손님 스스로 만드는 것이다. 수제 햄버거 가게는 세상에 많지만 손님이 직접 재료를 준비해서 만들어 먹는 느낌을 가질 수 있는 가게는 드물지 않은가?

info

수제 햄버거 가게

가족에게 줄 수 있는 정성

손님의 건강까지 생각하는 햄버거 가게를 만나고 싶다면 도쿄에서 놓치지 말아야 할 곳이다. 오카치마치역이나 우에노역에서 내려 타이토쿠에 들어서면 도로변에 보인다. 오카치마치역에서 조금 더 가깝다. 빌라폰테뉴호텔에 가는 길 도로변에 자리 잡고 있는데, 우에노 아메요코 시장에서 걸어도 가깝다.

17

집이 되는 가게, 가게가 되는 집

가게를 열고 싶은데 어디에 가게를 얻어야 할지 고민을 한다. 장사가 잘 되는 곳을 얻자니 세가 비싸고, 안되는 곳을 얻자니 장사가 될지 걱정이 된다. 뭐가 답일까? 장사를 하려면 가게를 반드시 새로 얻어야 할까?

아니다. 주택가에 자리 잡은 주택형 가게를 떠올려보자. 평수도 작고 가게 간판이나 특별한 장식이 없어서 화려하진 않지만 인근 주택가 주민들에게 인기를 꾸준히 얻는 가게가 된다. 가게를 찾아주는 손님이 있는 한 그 가게의 불은 꺼지지 않는다. 주점도 있고 집주인의 솜씨를 보여주는 공방 가게도 가능하다. 좁지만 그 나름의 분위기와 매력으로 동네 이웃들이 옹기종기 모이는 가게가 될 수 있다.

'내가 살고 있는 이 집이 가게가 된다고?'

가게란 장사를 하는 곳이다. 집에서 장사를 하면 그곳이 가게가 된다. 그렇다고 반드시 집이 넓어야 하는 것도 아니다. 1인 가구이거나 다가구이거나 상관없다. 1층에 도로변 집이거나, 2층 집이지만 별도의 출입구가 있다면 가게가 될 수 있다. 굳이 안방과 거실에서 가게를 할 필요도 없다. 주차장이 있다면, 집 마당 옆 공간이 있어도 된다. 장사를 할 곳이 있으면 거기가 가게다.

성공전략 ❶

특별하지 않아서 더욱 특별한 골목

한국에서 온 거래처 손님을 호텔에 안내해주고 숙소로 돌아가는 길에 오카즈요코초를 잠시 들렀다. 한국이나 외국에서 손님들이 올 때면 자주 안내하는 곳이 우에노 빌라폰테뉴호텔인데 시설도 깨끗하고, 근처에 우에노역을 비롯한 교통편도 편리하기 때문이다.

오카즈요코초 골목은 호텔을 나와서 횡단보도를 건너지 않고 왼쪽으로 조금 더 걸으면 금세 다다른다. 골목 특성화사업으로 일본 정부에서 지정해 둔 곳이어서일까? 예전 그대로의 모습을 간직한 가게들도 많고 여기에 오면 일본 서민들이 살아가는 모습 그대로를 볼 수 있어서 자주 들른다.

이 골목은 '반찬골목'이란 의미의 이 동네에 가면 출퇴근 시간엔 인근 이웃들과 인사를 나눌 수도 있고, 저녁 무렵 출출하다 싶을 땐 소박한 느낌의 가게에 들러 한잔 걸치며 가게 주인이 된 이웃과 세상 돌아가는 이야기를 나눌 수도 있다.

그리고 이 골목에서 만나는 반찬가게, 정육점, 가구공방, 꽃 가게, 주점, 중국 음식점, 부동산중개사, 헤어샵, 식당 등은 일본 서민들이 살아가는 집을 가게로 꾸며놓은 곳들이 대부분이다. 요란한 인테리어도 없고 시끌벅적한 호객꾼도 없는 동네 가게, 눈이 어지러운 네온사인을 만날 필요가 없는 아늑한 정서가 장점이다.

"요 앞에 호텔에서 손님들도 많이 오죠? 여기가 우에노랑 가깝고 일본 서민 생활 그대로를 볼 수 있으니까 외국인들도 많이 오겠어요?"

오카즈요코초 골목에 들어서 평소 자주 가는 이자카야 가게에 들어서 생맥주 한잔을 하던 중 가게 사장에게 물었다.

"근데 동네가 너무 조용해서. 아직 많이 홍보도 되지 않아서 생각만큼 사람들이 많진 않지. 오늘도 호텔에 손님들 데려다 주고 오는 길인가 보네?"

가게 안에 들어서 테이블에 앉았다. 대여섯 평 되는 공간에 두어 개 놓인 테이블이 고작이다. 한쪽 칸막이를 두고 주방을 삼고 반대쪽 공간에 테이블을 뒀다고는 하지만 손님이 다 들어찬다고 해봤자 5명이나 들어올까?

카메라를 들고 사진을 찍어도 되냐고 묻자 어색한 웃음으로 손사래를 친다. 어디에 내보이기도 좀 그런 곳이라며 한사코 사양이다.

"맞은 편 저 집엔 손님들이 많네요?"

1층 마당에 파라솔을 둔 가게를 쳐다보며 말했다.

가게 마당이 있고 없고의 문제는 아니었다. 저마다 자기 집 앞에 간판 하나 내걸고 1층을 가게로 꾸며 장사하는 곳이었으니 말이다.

샷시문으로 된 이 가게는 커튼 하나 쳐두고 별다른 장식을 하지 않았는데 가게 사장의 음식 솜씨가 좋아서 내가 자주 들르는 곳이고, 맞은편 가게는 예쁜 파라솔 하나 덩그러니 두고 장사를 하는데 가게 안에는 사람들이 제법 북적대는 모습이었다.

"그러게. 오늘 뭐 모임 있다고 그러던데? 저 집 사장이 이런저런 모임을 많이 해서 이따금 사람들이 오곤 하지."

궁금했다.

가게 사장에겐 잠깐 화장실 좀 다녀오겠다고 하며 가게를 나서 맞은편 가게에 문을 열고 들어가 봤다. 시끌벅적. 세로로 길고 좁은 가게 안 맞은편 끝에 주방이 있고, 주인의 아내로 보이는 중년의 여자가 서빙을 돌다가 나를 보고 다가왔다. 오늘 모임의 일행이냐고 물어보는데 아니라고 하자 오늘은 자리가 만석이라서 미안하다고 한다. 나를 보고 나가달라는 얘기겠다.

괜찮다.

뭐 어차피 가게 안에 분위기가 궁금해서 들어왔던 것뿐인데 다음에 오겠다는 인사를 남기고 가게를 나서 아까 가게로 돌아왔다. 조금 전 내가 주문한 메뉴가 이제 막 나온 듯했다. 자리에 앉아 사장을 보니 방금 내가 맞은편 가게에 다녀온 걸 알고 있는 듯했지만 상관하지 않는다는 표정이다. 그도 그럴 것이 어차피 그들은 이 동네 이웃들이다.

"저 가게는 와인도 있고 스파게티, 스테이크도 파네요? 사장님도 메뉴를 다양하게 해보시지 그러세요?"

마음에도 없는 소리로 농을 쳤다.

그러자 가게 사장이 웃으며 말했다. 다 똑같은 메뉴를 팔면 누가 이 골목에 오겠냐는 얘기였다. 저 가게는 주인장의 손재주가 좋아서 파라솔을 갖다 놓고, 가게 안에 조명을 달고 테이블도 아기자기하게 꾸몄지만, 자신은 그럴 재주도 없고 그런 걸 원하는 성격도 아니라고 했다. 그저 자기는 맛있는 음식을 나누면서 이따금 오는 손님들과 즐거운 시간을 같이 즐기면 될 뿐이라는 얘기도 덧붙였다.

"여기 안주 만드실 때는 저 골목에 정육점에서 고기 사고, 요 앞에 반찬집에서 재료 사오시죠? 테이블은 보아 하니 공방 아가씨에게 주문해서 가져오신 것 같네요."

가게 사장이 웃는다.

두말하면 잔소리.

성공전략 ❷

이웃 가게들과 자급자족하기

오카즈요코초 골목은 일본인 서민들이 함께 어울려 살아가기 위해 만든 동네인데 이왕이면 동네 사람 걸 팔아줘야 서로서로 좋다고 했다. 그들이 자기 가게에 와서 맥주 한잔, 사케 한잔 곁들이고 식사하고 갈 때도 있으니 서로에게 손해도 아니라고 했다. 그들은 골목을 지켜나가기 위해 함께 작전 중인 동지들이기도 했다.

"저는 내일 아침에 호텔에 다시 와서 손님들하고 이동해야 해서요, 오늘은 이만 갈게요."

가게를 나서며 인사를 하자 가게 사장이 계산을 하고 돈을 받더니 다시 앉아보란다. 마침 그날 새로운 메뉴를 하나 만들었는데 나보고 맛을 보란다. 닭고기 육회인데 겉을 살짝 익히고 감칠맛 나는 일본의 양념 시치미를 넣어 버무린 메뉴였다. 먹어보니 식감도 나쁘지 않았다. 맛이 좋다며 이거 인기 좀 끌겠다고 하자 얼른 자기 등쪽에 주방에서 사케 한 병을 꺼내와 잔에 따라준다.

새로운 메뉴랑은 이 술을 같이 마셔봐야 한단다. 정녕 그런가 싶다. 닭고기 메뉴와 사케가 입안에서 어우러지면서 코끝까지 식감이 전해진다. 맛있다. 이번에도 고개를 끄덕였다. 가게 사장이 웃는다. 나도 웃으며 가게 문을 나서자 사장이 따라 나와서 배웅해준다. 언제든 그냥 편하게 와서 들르라는 말도 잊지 않는다. 꼭 주문해야만 하는 거 아니니까 언제든 와서 얘기하고 그러라고 한다.

"얼른 들어가세요. 밖엔 아직 추워요. 내일 시간 되면 손님 모시고 같이 올게요."

집이 가게가 된 곳에선 가게에 온 손님이 아니라 집에 온 이웃이 된다. 당연한 거 아닐까? 난 그날 가게에 들른 손님이 아니라 그들의 이웃이었다. 자기 집에서 장사를 하고 생활도 하는 이웃들이 함께 있다면 오카즈요코초 골목의 스토리가 멈추지 않을 것이란 확신이 드는 까닭이다.

성공전략 ❸

메뉴에 없는 요리도 만들어 드립니다

"어이쿠, 식사 중이시네요? 다음에 다시 올게요."

"아니에요. 식사 다 했어요. 들어왔으니 테이블에 앉아요."

모처럼 한국에서 온 손님을 데리고 들렀던 오카즈요코초 골목 안 중국 식당에서 가게 주인이 식사를 하고 있었다. 테이블은 4개, 의자는 초등학교 교실에서 가져왔는지 영락없이 학생들이 앉는 의자 그대로였다. 가게 문을 열고 들어서면 테이블 그리고 바로 맞은편에 주방이 있었다. 가게 주인은 마침 일을 보러온 남편과 함께 늦은 점심식사를 하려던 중이었나 보다.

사실 이 가게에 오려고 한 건 아니었다. 내가 가려던 가게는 오후 5시는 되어야 문을 열기에 그 전에 배고픔 좀 달랠 겸 일본식 식사를 하려고 들어온 곳이었다. 하지만 가게에서 파는 메뉴가 문제였다. 마파두부, 청경채 등 중국식이 아닌가?

"식사하시는데 죄송해서요. 그리고 메뉴를 보니까 일본식 식사가 없네요?"

"네? 아, 문제없어요. 여기 뭐 안 되는 게 있나요, 말만 해요. 메뉴를 만들어 줄게요."

그리고 잠시 후, 나는 그날 한국 손님과 함께 돈코츠라멘과 새우돈부리(덮밥)를 먹을 수 있었다. 가게는 술과 안주를 파는 가게였는데 늦은 오후 식당에 온 손님들을 위해서 기꺼이 메뉴에 없는 음식을 만들어줬다. 음식을 주문해놓고 일행과 얘기하느라 눈치채지 못하고 나중에 알게 된 일이었지만, 가게 주인은 마침 가게에 없는 재료 때문에 남편에게 골목에 가서 얼른 자료를 사오라고 했단다. 나는 벽쪽을 보고 앉고 손님이 벽을 등지고 앉아서 가게 안을 바라보는 상태였기 때문에 손님이 나중에 알려준 얘기였다.

생각해보자.

가게에 손님이 왔다. 그런데 메뉴판을 보더니 자기가 찾는 음식이 없다고 하며 나가려고 한다. 당신이라면 어떻게 할까? 그대로 내보내도 되지만 이왕이면 그 손님을 위해서 없는 메뉴라도 만들어줘야 하지 않을까? 그 손님이 단 한 명으로 끝나는 게 아니라 나중에, 더 많은 일행을 데리고 재방문할 수도 있어서다. 원하는 음식을 맘대로 주문해서 먹을 수 있는 가게는 사실 불가능한 것도 아니지만 그렇다고 해서 쉽게 찾을 수 있는 곳도 아니기 때문이다.

info

오카즈요코초 가게들

집이 아니라 가게입니다

집을 남에게 임대해 주는 사업은 예전부터 있던 아이템이다. 다만 그 사업 형태가 남에게 월세, 전세, 반전세 등으로 임대해 주는 게 고작이었을 뿐이다. 그런데 요즘은 그 사업 형태가 다양해지고 있다. 1인 출판사, 번역 사무소, 인터넷 쇼핑몰 등 부동산을 임대해서 하는 사업 형태라면 어떤 사업이든 말이다.

오카치마치역에 내려서 가다 보면 폰테뉴호텔 옆으로 오카즈요코초(반찬골목)이 나온다. 여기에 살아가는 주민들이 자기 집을 가게로 만들어서 영업을 하는 형태를 많이 볼 수 있다. 자신의 전공을 살려서 가구공방을 차리기도 하고, 부모님들과 함께 반찬가게를 열기도 했다. 작은 마당을 가진 집이라면 1층과 마당을 열어서 이웃들이 모일 수 있도록 만든 주점을 볼 수도 있다.

18

손님의 뒤에서 서비스하는 가게

가게란 곳은 사람과 사람이 만나는 곳이다. 그런데 장사를 하는 상인과 손님이 만나는 것이 아니라 손님과 손님이 만나는 가게가 더 많다. 카페에 가서도, 커피점에서도, 식당에서도 마찬가지다. 가게에 온 손님들은 가게 주인이 누구인지, 서비스하는 종업원들이 누구인지, 월급은 얼마를 받는지, 고향이 어디인지 등에 대해 전혀 관심이 없다. 가게에 온 사람들은 일행과 공유할 시간을 나눌 장소만 필요할 뿐이다.

그래서 가게에 오는 손님들에게 지나친 간섭 혹은 친절한 응대는 때로 과잉서비스가 된다. 그들만의 시간을 즐기러 온 사람들에게 주인이랍시고, 서비스 방식이 '손님과의 대화'라고 해서 손님들의 테이블에 와서 끼어들거나 자꾸 대화를 걸게 되면 사람들이 불편해한다. 장사를 할 때는 손님과 친밀한 관계를 만드는 것도 중요하지만, 때에 따라선 '절대적 방조자'가 되어야 할 때가 있다. 손님들이 와서 나갈 때까지, 그리고 다음에 다시 오더라도 아는 체하지 말고 그대로 서비스할 것, 지나친 대화 강요가 손님을 떠나게 한다.

일본 이케부쿠로역에서 동쪽 출구로 나아가서 길 건너 이면도로 안쪽으로 들어가면 철판 요리 가게가 나타난다. 하와이와 일본을 오가며 장사하는 인상 좋은 남자가 사장인 이곳은 일본인 특유의 서비스 매너를 접할 수 있는 곳이다. 오밀조밀하게 모인 테이블 구조이면서도 서로 마주치는 불편 없이 일행들끼리만 즐길 수 있어서 좋고, 하와이의 정서가 물씬 묻어난 메뉴와 직원들의 친절한 서비스에 마치 여기가 일본이 아니라 미국에 온 것처럼 느껴진다.

"어서 오세요!"

아니나 다를까. 가게 문을 열고 들어서는데 우렁찬 인사가 들린다. 누가 여기가 일본 아니랄까봐. 내가 앞장서고 뒤이어 후미코가 들어왔다. 이날 나의 일행은 모처럼 이케부쿠로에서 만나 저녁식사를 하기로 한 일본 여성이다. 그녀가 대학생이었을 때부터 알고 지내다가 다시 도쿄에서 만나게 됐을 때는 후미코도 어엿한 회사원으로 사회생활을 하고 있었다. 시간이 얼마나 흐른 것인지 계산하기조차 버거운 세월이다. 한국 행사 참가자로 온 여대생이었던 후미코였다.

"오사카보다는 시끄럽지? 도쿄라서 그래."

"활기 있고 좋아요. 그리고 내 집은 오사카가 아니고 고베에요."

"아, 맞다. 고베."

가게 안에 들어서서 주방에서 가까운 자리를 골랐다. 가게는 넓은 편이 아니었는데 가게 안으로 들어가면 출입구 오른쪽으로 테이블 세 개가 나란히 놓여 있었다. 맞은편 벽쪽으로 성벽을 쌓듯 칸을 나눈 칸막이가 있고 그 양쪽으로 철판을 놓은 요리대와 그 앞에 손님들이 앉는 의자들이 놓여 있는 구조였다.

내가 먼저 앉고 옆에 후미코를 앉히고 나서 메뉴판을 집었다. 오늘 온 가게는 해산물철판 요리점. 신선한 재료를 즉석에서 철판 위에 볶아서 먹는 게 특징이였다. 가게에서 서비스하는 메뉴들은 손님이 재료를 고르면 그걸 갖다가 철판 위에 얹어두는 게 전부였다. 직원이 재료를 갖다 두면 그 나머진 손님들이 직접 볶아서 요리를 만들어 먹는 식이다.

후미코가 나를 알게 된 시기는 꽤 오래 전 일이다. 그렇다고 해서 대학시절에 한 번 만나고 그 이후 10년 넘게 시간이 흐르는 동안 한 번도 만나지 않은 건 아니었다. 행사를 마치고 귀국한 후미코가 다시 한국에 오기도 했고, 내가 고베에 여행을 가서 후미코 집에서 숙박했던 경험도 있어서다.

후미코의 부모님에게 인사를 드리기까지 했던 그날, 그 당시엔 그저 일본 친구네 집에 하루 머문다는 정도로 생각했었는데 저녁을 먹고 후미코 아버지와 어머니 앞에서 진지한 대화를 나누면서 뭔가 분위기가 이상하게 흐르고 있다는 것을 직감할 수 있었다.

"나 사실 그날 밤에 후미코 아버지가 뭐라고 말씀하시는지 알아듣지 못했었어. 그때는 내 일본어 실력이 형편없었거든. 그냥 알아듣지 못해도 알아들은 척하고 미소만 지었던 건데 말이지."

그날 만큼은 후미코에게 미뤄뒀던 사과를 해야겠다 싶었다. 내가 후미코 얼굴을 보며 이야기하려던 순간, 갑자기 후미코 옆에서 가느다란 여자 팔이 쑥 들어왔다.

가게 여직원의 팔이었다. 아, 맞다. 아까 메뉴를 주문하면서 나랑 후미코는 이 가게가 처음이라 어떻게 해야 맛있게 만드는지 모르니까 직원에게 만들어 달라고 했었다. 그리곤 잊고 있었다.

성공전략 ❶

손님 뒤에서 서비스하라

여느 가게처럼 뭔가 인기척이라도 내던가, 아니면 손님 앞에 와서 재료를 요리할 줄 알았는데 아니었다. 그러고 보니 테이블 구조가 직원이 손님들 앞에서 요리를 만들어줄 수 없는 형태가 아닌가? 아까 가게 안으로 들어서며 본 칸막이가 문제였다. 가게 안을 양분하듯 가로지른 어른 키 높이의 칸막이를 기준으로 양옆에 여러 개의 철판이 나란히 놓여 있고, 철판 앞에 어른이 앉으면 무릎부터 배까지 올 정도의 폭으로 테이블이 길게 꾸며진 구조였다.

'보통 철판 요리점에선 직원이 손님들 앞에서 재료를 볶아주는데, 이 가게는 다르네?'

어느새 나는 후미코에게 말하려던 게 뭔지 잊어버린 상태였다.

무엇보다도 가게의 서비스 전략이 궁금했다. 그리고 이내 고개를 끄덕이고 말았다. 이 가게는 손님의 뒤에서 서비스하는 가게, '손님을 기억하지 않습니다'라고 말하는 가게였다.

생각해보자. 철판 요리점에 간다. 테이블에 앉는다. 그러면 철판 앞에서 직원이 재료를 놓고 요란한 동작으로 볶아주는 가게가 있다. 불쇼도 보여주고 소스도 현란하게 뿌리면서 손님 눈앞에서 요리를 해주는 방식이다. 직원이 요리를 하면서 손님에게 간간이 이야기도 건넨다. 쇼맨십이기도 하다. 우스개도 하고 요리 설명도 하면서 분위기를 즐겁게 만들곤 한다. 철판 요리점 하면 이런 서비스를 기억하는 게 대부분이었다.

그런데 이 가게는 달랐다. 철저하게 손님들만의 시간을 배려해주는 가게였다. 현란할 정도는 아니었지만 꽤 능숙한 손동작으로 철판 위에서 재료를 볶아가며 메뉴를 만들어 내는 중이었다. 그렇다고 해서 손님들 이야기를 방해하지도 않았고, 손님들과 불필요한 시선 맞추기도 하지 않았다. 일행끼리 와서 맛있는 음식과 즐거운 대화를 나누라는 배려 같았다.

앞서 떠올린 요란한 철판 요리점에서는 일행들보다 대신 직원과 나누는 이야기가 더 많았던 것도 기억났다. 일행과 시간을 공유하러 간 것인지, 철판 요리쇼를 보러 간 것인지 구분 못할 정도였던 것 아닌가?

성공전략 ❷

직원은 주방 앞에서 대기

직원이 메뉴를 만들어준 후 후미코와 이야기를 하던 중이었다. 조금 색

다른 메뉴를 맛보고 싶어서 메뉴판을 들고 재료를 고른 후 직원을 찾는데 '이게 무슨 일?' 가게 안에 직원들이 안 보였다. 잘 찾아보니 가게 한쪽에 주방 앞에 모여 있었다. 그런데 직원을 부르기 위해서 벨을 누르거나 큰 소리로 외칠 필요는 없었다. 내가 메뉴판을 들고 주위를 두리번거리자 그 즉시 여직원이 다가와서 필요한 게 있는지 물었다.

'손님들의 사적인 이야기를 배려하는 가게구나! 손님들만의 시간을 철저히 배려하는 가게야!'

대부분의 가게들에서는 손님 테이블에 부족한 것을 먼저 알아서 서비스하기 위해 가게 안을 돌아다닌다. 바쁜 척을 하고 즐거운 분위기를 만들기 위해서인 이유도 있다. 뭔가 흥겹고 바쁘게 돌아가는 분위기를 만들어 내기 위해서다. 그런데 이 가게는 아니었다. 손님들에게 메뉴를 만들어준 후에는 가게 한쪽 주방 앞에 직원들이 모여 있을 뿐이었다. 가게 안을 오가며 불필요하게 의도치 않은 상황에서라도 손님들의 이야기를 듣지 않는 가게였다.

그런 경우다. 가게에서 아르바이트를 해보거나 일을 해본 경험이 있는 사람이라면 안다. 오랜 시간 가게 안에서 일하게 되면 가게에 오는 손님들이 궁금해진다. 손님들이 무슨 이야기를 하는지 듣게 되고, 어떤 사람들인지 그들 이야기를 귀담아 듣는 경우가 많다. 가게 안에서 보내는 시간이 무료해서 그런 경우도 있고, 사람들이 오면 호기심이 생겨서일 수도 있다.

하지만 이 가게는 손님들의 이야기 시간을 배려하는 방법을 아는 곳이었다. 손님들이 필요할 때만 서비스하고, 나머지 시간은 철저하게 손님들만을 위한 시간으로 배려하는 곳이었다. 손님들은 직원들이 자기 이야기를 들을까봐 주위를 둘러볼 필요도 없었다. 자리 앞에 놓인 커다란 칸막이 덕에 그들의 이야기가 다른 테이블 사람들에게 들릴 걱정이 없기도 했다.

"이 가게는 하와이 느낌이 나."

"응. 후미코도 하와이 가봤다고 했지? 거기 일본인들 정말 많잖아?"

"일본인지 미국인지 헷갈릴 때도 있어. 그래서인지 이 가게에서 해산물 철판 요리를 먹으면 왠지 모르게 하와이에 온 기분이 나. 해외에 온 것 같고 신선하더라."

후미코는 맛있는 저녁식사를 하며 나와 많은 이야기를 나눌 수 있어서 즐거웠다고 했다. 가게 안에 들어와 보니 배를 타고 여행하는 구조라서 특별했고, 나랑 이야기를 하는데 둘만 있는 것 같아서 이런저런 많은 이야기를 할 수 있었다고도 했다. 모처럼 후미코를 만나 여러 이야기를 나누던 그날 밤, 그 가게에서 나와 후미코가 나눈 이야기가 우리들만의 기억으로만 남은 상태가 될 수 있었던 건 순전히 가게 덕분이었다.

info

이케부쿠로 신지(SHIN JI)

손님끼리 다녀가는 가게

일본 도쿄 이케부쿠로 지하철역에 내려 동쪽 출구로 나와 도로 안쪽 이면도로에 들어서면 커피점과 돈가스점 등이 모인 먹자골목이 나온다. 이 골목 안쪽에 BAR 스타일의 2층 가게 건물의 1층에 '이케부로 철판요리점'이 있다. 가게 앞 도로에 입간판을 세워놓아서 찾기 쉽다. 가격은 2인 기준 1000~2000엔 사이면 신선한 해물철판 요리를 즐길 수 있다.

이곳에는 한눈에 보기에도 무릎을 탁 치게 되는 문구가 하나 적혀 있다.

〈오늘의 인기 없는 메뉴 5선〉

재미있는 메뉴판이다. 메뉴에 등급을 매기거나 그날의 추천 메뉴, 주방장 추천메뉴이기도 하다. 다른 가게와 마찬가지로 이 가게에서도 비인기 메뉴를 만들 때 필요한 식재료가 재고로 쌓이는 게 문제가 되어 고심 끝에 떠올린 아이디어라고 한다.

그런데 가게에 온 손님들의 반응은 기대 이상이었다. 자주 오던 단골은 가게 영업을 도와준다며 비인기메뉴를 골랐고, 지나가며 들르는 뜨내기 손님들은 '비인기메뉴'. '안 팔리는 메뉴'가 뭔지 궁금하다며 주문했단다. 이곳의 사장은 이러다간 인기 메뉴를 추월할 지경이라고 했었다.

에필로그

구인공고 〈우리 가게에 오실 손님을 찾습니다〉

이 책을 읽고 있는 당신은 최소 20세 이상의 성인이다. 필자는 그보다 어린 학생일지라도 창업에 꿈이 있다면 읽기 바라지만, 어쨌든 취업 대신 창업을 계획 중이거나 퇴직 후 창업을 염두에 둔 상태라면 말이다. 혹은 장사를 하다가 말아먹고 재창업을 해보려는 중이거나, 그것도 아니라면 이제부터라도 살림에 도움이 되기 위해 작은 장사라도 해보려는 사람이다. 어떤 상황이든 간에 당신은 장사를 하려는 중이다. 이 책을 그저 교양용으로 선택했더라도 책을 읽다가 '나도 장사를 해볼까?' 생각할 수도 있으니 극히 적은 경우의 수는 빼기로 한다.

"이제 좀 익숙하다 싶었는데 벌써 귀국이야? 아, 나 진짜 여기서 할 일 더 많은데!"

시부야, 신주쿠, 우에노 인근에서 잘되는 가게를 둘러본 최대박(가명)이었다. 일본에 오기 전부터 한국에서 가게 창업을 준비 중이라던 그는 이번 일본 출장 일정이 다소 짧았음을 깨달은 상태였다.

"다음에 또 와."

"이 동네 가게 임대료는 얼마나 될까? 진짜 여기 일본에서 장사 한번 제대로 하고 싶다."

모처럼 일본에 들른 최대박은 3박 4일간 짧은 업무조사차 휴가 일정을 마치고 귀국할 날이 되자 못내 발걸음이 떨어지지 않는 모양이었다. 지난해 여름휴가를 미루고 올 가을에 들른 일본. 신주쿠에 들러 미리 사둔 샘플 상품을 여행용 가방에 꾸역꾸역 넣는 중이었다.

최대박은 국내에서도 알아주는 대기업에 다닌다. 재벌급은 아니지만 꽤 괜찮은 복지 수준을 자랑하는 기업이다. 이따금 뉴스에 소개되고, '취준생들이 선호하는 직장' 명단에도 이름을 올리는 곳이다. 최대박은 누가 보더라도 한국에서 성공한 직장인이다. 월차를 모아서 여름휴가, 겨울휴가로 장기간 유급휴가를 쓰고 상여금 800% 이상을 받는 회사가 흔하지 않다.

국내 기업 500위.

한국에서 기업 순위 500위 안에 들어가면 어느 정도 자산가치나 매출규모 등에서 안정적인 회사로 평가받는다. 은행권에서도 국내 기업 500위 목록을 정해두고, 나름 대출이자 혜택이나 각종 금융상품 안내 등의 서비스를 지원해주고 있다.

예를 들어, S그룹에 다니는 직원은 대학 졸업 후 갓 입사해서 연봉이 3000만 원이 된다고 하고, 다른 중소기업에 다니는 근무경력 5년 이상의 과장급 직원 연봉도 3000만 원 정도 된다고 할 때 금융권에서는 직장 규모를 따져서 대기업 신입사원에게 이자율 혜택을 더 준다. 신용대출자금 지원도 가능하다. 그래서 대기업에 입사하려고 기를 쓰는지도 모른다.

그런데 국내 기업 500위 안에 든 회사에서 근무하는 사람들은 몇 명일까? 10대 대기업은 약 10~20만 명이 될 것이고 500대 기업까지 포함하면 한 회사당 수천 명씩 감안해서 전체적으로는 최소 100만 명 정도라고 계산할 수 있겠다. 그리고 이들의 가족까지 포함해서 4인 가족인 경우라면 국내 직장인 중에 400만 명이 되는 점인데, 최소한 이들 만큼은 경제적으로 쪼들리지 않고 안정적인 생활을 하는 사람들이라고 추정할 수 있다.

그럼 더 계산을 해보자. 우리나라에서는 한 해에 35만 명 정도의 인구가 태어나는데(1995년 기준, 일본에선 약 150만 명 출생) 20~30세까지 인구를 추산해서 합해보면 대략 350만 명이 되는 셈이다. 이런 식으로 10년 단위로 끊어보면 1세부터 100세 인구가 약 3500만 명이 되어야 하나, 우리나라 인구 구조상 60세 이상 노령 인구가 다수이기 때문에 현재 5000만 명이라고 하면 이들 중 절반 가량이 노인층이다.

1세부터 30세까지는 350×3=대략 1050만 명, 40세 이상은 3950만 명가량 된다. 단, 이 수치는 통계청 인구센서스 값이 아니라 필자의 어림계산이므로 정확한 인구 분포는 다를 수 있다는 점은 염두에 두자. 사실, 이 계산에서 수치는 중요하지 않다. 여기서 말하려는 건 우리나라 인구분포도를 대략적으로 일러두면서 나중에 가게를 창업할 때 알아야 된다는 것이 포인트니까.

자, 그럼 장사를 해야 하는데 당신의 고객은 누가 될까 고민해야 한다. 주고객의 연령대는 어디부터 어디까지인가? 당신의 고객은 안정적인 직장인으로 소비에 큰 무리가 없는 사람들이어야 한다. 그래야만 당신의 장사도 매년 조금씩 성장할 수도 있고, 장사가 안되서 먹고살 걱정을 하지 않을 수 있다.

맞다. 당신의 고객은 앞에서 말한 20~30세까지 젊은층이어야 하고, 대기업에 다니는 직장인들이어야 한다. 그들을 상대로 장사를 해야만 비교적 성공적인 창업을 기대할 수 있다. 하루 벌어 하루 살아야 하는 극빈층이나 저소득층을 상대로 장사를 하면 미래가 불안해질 수 있다.

그럼 이번엔 아이템이 문제다. 20~30대 가운데 괜찮은 회사에 다니는 직장인들(약 350만 명 중에 몇 %)을 상대로 장사를 해야 하는데 여기에 또 변수가 있다. 남자와 여자로 구분해야 한다. 남자용품인지, 여자용품인지 구분하면 당신의 고객은 더 줄어든다. 그러므로 이럴 땐 남자와 여자 모두에게 공통되는 아이템으로 선택하는 게 좋다. 뭐가 있을까?

인터넷 기사와 뉴스를 참고하여 시장조사를 해보자.

나이대만 검색해 봐도 요즘 20~30대는 지난 1986년부터 1996년 사이 출생했고, 이들의 부모는 '아시안게임, 올림픽게임'을 경험했으며, 1990년대 초 세계화 정책에 힘입어 조기유학, 해외연수, 배낭여행 붐을 겪은 세대라는 것을 알 수 있다. 뭔가 감이 오지 않는가?

게다가 그들은 해외여행을 자주 다닌다. 남자, 여자 할 것 없이 해외여행을 자주 다니는데 이것은 어릴 때부터 경험한 해외문화에 대한 향수 내지는 문화소유욕 때문이라고 이해할 수 있다. 그러고 보니, 요즘 뉴스에 나오는 게 '해외직구'하는 사람들이 많다는 얘기가 떠오를 것이다.

국내 쇼핑몰에서 돈을 안 쓰고 해외직구에 나서는 이유는 그 사람들이 20세가 넘으면서 신용카드가 생겼기 때문이다. 학창시절엔 카드가 없어서 주로 인터넷 카페나 블로그를 통해 구매대행했던 것만으로도 감지덕지하던 사람들이었다. 그런데 그들 손에 신용카드가 생겼으니 해외직구에 나서는 건 당연한 일이다.

이제 어느 정도 당신의 장사에 타깃으로 삼아야 할 고객층이 윤곽이 잡히기 시작했다. 20~30대, 신용카드 소지자, 해외경험자, 안정적인 회사에 다니는 직장인이다. 당신은 이들을 상대로 어떤 장사를 할 수 있을까? 주점을 차리거나 식당을 한다고 생각해보자. 회사를 마치고 퇴근 후 들릴 가게가 되어야 하고, 주말에 연인과 데이트를 하거나 자동차를 몰고 근교로 나갔을 때 갈 만한 외식 코스가 되어야 한다.

그런데 이들이 직접 당신의 가게에 방문해서 즐길 수 있도록 만들 수 있는 여건이 되지 않는다면, 이들을 상대로 무조건 온라인 쇼핑몰을 해야 한다. 이들은 시간관리를 철두철미하게 하고 이해타산이 빠른 사람들이기 때문이다. 요즘 경기가 안 좋다고 아우성치는 가게들을 보자. 기꺼이 돈을 쓸 준비를 하고 있는 고객들에 대해 전혀 모르는 그들이다. 세상에 돈은 많다.

가게를 하려는가? 사람들 머릿속에서 문을 열자.

사람들의 라이프스타일을 반영하는 가게가 되면 성공한다. 일본인들이 불황을 이겨내고 장사를 이어온 것은 시대를 앞선 히트상품이 아니고, 사람들을 깜짝 놀라게 한 명품도 아니었다. 사람들 곁에서 함께 숨 쉬며 사람들이 필요로 하는 제품을 파는 가게가 된 덕분이었다.

가게에 역사를 담자.

가게가 숨을 쉬기 시작하고 살아나기 시작한다. 때로는 집이 가게가 되고 가게가 집이 된다. 당신이 이 책에서 배운 것을 실천하여 성공시킬 당신의 가게가 어느새 거기 있지 않은가? 지금 당장 당신의 가게 문 앞에 써 붙이자. 당신의 첫손님이 기다린다. 잘되는 가게엔 분명 이유가 있다.

구인공고

〈우리 가게에 오실 손님을 찾습니다〉

일본 최고의 장사꾼들

초판 1쇄 펴낸 날 | 2015년 7월 30일
초판 2쇄 펴낸 날 | 2015년 8월 15일

글 · 사진 | 이영호
모델 | 배우 임예원
펴낸이 | 이금석
기획 · 편집 | 박수진
디자인 | 김경미
마케팅 | 곽순식
경영 지원 | 현란
펴낸 곳 | 도서출판 무한
등록일 | 1993년 4월 2일
등록번호 | 제3-468호
주소 | 서울 마포구 서교동 469-19
전화 | 02)322-6144
팩스 | 02)325-6143
홈페이지 | www.muhan-book.co.kr
e-mail | muhanbook7@naver.com
가격 15,000원
ISBN 978-89-5601-397-8 (03320)